Akawe Niwii-tibaajim

Akawe Niwii-tibaajim

AANJIBIMAADIZING

EDITED BY

Anton Treuer

and

Michael Sullivan Sr.

ILLUSTRATED BY

Steve Premo

MINNESOTA
HISTORICAL
SOCIETY PRESS

mnhspress.org

The Minnesota Historical Society Press is a member of the Association
of University Presses.

Manufactured in the United States of America

10 9 8 7 6 5 4 3 2 1

∞ The paper used in this publication meets the minimum requirements
of the American National Standard for Information Sciences—Permanence
for Printed Library Materials, ANSI Z39.48-1984.

International Standard Book Number
ISBN: 978-1-68134-179-8 (paper)

Library of Congress Cataloging-in-Publication Data
Names: Treuer, Anton, editor. | Sullivan, Michael D., Sr., editor. | Premo,
    Steven, illustrator. | Aanjibimaadizing (Onamia, Minnesota), author.
Title: Akawe Niwii-tibaajim / Aanjibimaadizing ; edited by Anton Treuer
    and Michael Sullivan Sr. ; illustrations by Steve Premo.
Description: Saint Paul, MN : Minnesota Historical Society Press, [2020] |
    Audience: Ages 14 | Summary: "In eighty brief original reminiscences and
    cultural stories, elders of the Mille Lacs Band of Ojibwe transmit a store-
    house of experience and memories, wisdom and foolishness, and complex
    identity. *Akawe Niwii-tibaajim* (First of All, I'm Telling a Story) is written
    for teachers, students, and Ojibwe language and culture enthusiasts ages
    fourteen and above."—Provided by publisher.
Identifiers: LCCN 2020021792 | ISBN 9781681341798 (paperback)
Subjects: LCSH: Ojibwa Indians—Mille Lacs Band of Chippewa Indians—
    Social life and customs—Juvenile literature. | Ojibwa language—Mille
    Lacs Band of Chippewa Indians—Juvenile literature.
Classification: LCC E99.C6 A443 2020 | DDC 977.6004/97333—dc23
LC record available at https://lccn.loc.gov/2020021792

Dibaajimowinan

Akawe Niwii-tibaajim

1 Wii-nichiiwak

Gaa-tibaajimod **LORENA *PANJI* GAHBOW**
Gaa-tibaajimotawaajin **CHARLIE SMITH**

Wii-nichiiwak, gigii-gikinoo'amaagoomin ji-asang asemaa. Nimaamaa naa indede ingii-gikinoo'amaagonaan. Agwajiing ingii-asaanaan asemaa. Gii-poodawe nimaamaa ji-jaagizwaad iniw asemaan wawaaj igo gii-kimiwaninig.

"Zhaagawaamigookwe odasemaan." Mii ingii-gikinoo'amaag ji-ikidoyaan akawe anishinaabewinikaazoyaan. Ingii-asaa asemaa, miinawaa indinawemaaganag gaye gii-asemaakewag. Noondawagwaa ko manidoog, biidwewidamoog ingiw manidoog.

Mii geyaabi ezhichigeyaang. Wii-nichiiwak iko nimiinaag ingiw gwiiwizensag ji-asaawaad iniw asemaan. Akina go indinawemaaganag odasaawaan asemaan. Mii dash ezhi-ikidowaad odizhinikaazowiniwaan. Mii gaye wiinawaa ezhichigewaad. Mii iw! ●

1

2 Asemaakewin

Gaa-tibaajimod **SUSAN SHINGOBE**

Gaa-tibaajimotawaajin
JOHN BENJAMIN & MICHAEL SULLIVAN SR.

Bebaamaashiikwe indizhinikaaz. Asemaa niwii-tazhimaa apane wenji-biindaakoojigeng. Niwii-tibaajim wenji-aabadizid apane asemaa. Nitam indadazhindaan apane biindaakoojigeng gegoo mamooyan omaa akiing. Ke, bebaa-maamiginaman mashkiki, booch da-biindaakoojigeyan gebwaa-mamooyan mashkiki. Booch akawe da-biindaakoodooyan gebwaa-mamooyan mashkiki, wenji-giizhiging akiing, mii imaa wenji-ozhichigaadeg mashkikiwaaboo.

Geget gebwaa-mamooyan wayaabishkanakak miinawaa giizhikaandag, booch ige da-biindaakoodooyan gebwaa-mamooyan i'iw. Mii iniw abaabasong ayaabadakin. Gebwaa-mamooyan omaa akiing wenji-giizhiging, miinawaa akawe da-biindaakoojigeyan gebwaa-booziyan imaa jiimaaning da-mamooyan manoomin imaa zaaga'iganing. Miinawaa da-biindaakoojigeyan, mii go ge imaa zaaga'iganing wenzikaad a'aw giigoonh wii-mamad imaa agaming miinawaa wii-pagida'waayan, mii ge imaa da-biindaakoojigeyan.

Ingii-ikid tagiizh naa gegoo go wii-mamooyan omaa akiing wenji-maajiiging.

3

Ke ge wiigwaas wii-paa-mamooyan,
mii ge imaa da-biindaakoojigeyan
gebwaa-mamooyan iw wiigwaas
wenji-giizhiging imaa mitigong,
akina sa go gegoo aabadizi asemaa.

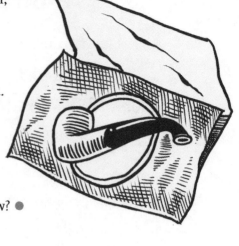

Niimi'iding igaye, baakishing
aw dewe'igan mii imaa
biindaakoojigeng.
Awegonesh ge
geyaabi? Mii na iw? ●

3 Bizindamok!

Gaa-tibaajimod: **LORENA *PANJI* GAHBOW**

Gaa-tibaajimotawaajin: **CHARLIE SMITH**

"Akawe apane ashi asemaa nibiikaang jibwaa-dazhitaayan imaa ziibiing ji-bagizoyan," apane gii-ikidowag chi-aya'aag, nigitiziimag. Apane ingii-tazhitaamin jiigibiig. Apane ekidowaad ingiw chi-aya'aag, "Gego bakobiiken! Akawe da-biiniziwag ingiw makwag." Gaa-te-biiniziwaad ingiw makwag, mii dash wapii Aabita-niibino-giizis gii-pagidinigooyaang ji-bagizoyaang.

Gaawiin ingii-pizindanziimin. Gaawiin ingii-asemaakesiimin. Anooj ingii-izhiwebizimin.

Aabiding ingii-waabamaanaan bezhig aw chi-nandookomeshiinh. Ingii-segizimin. Mii dash iwapii ingii-kinjiba'iwemin. Ingii-wiindamawaanaan indede miinawaa nimaamaa. Gigizheb aw

indede gii-izhaa iwidi. Mii dash gii-o-naadid nibiizikiigininaanin, nimakizininaanin. Mii dash gii-waabandang gaa-pimikawenid indigo naa Misaabe chi-mangizided.

Mii dash geyaabi gii-izhaayaang iwidi zaaga'iganing. Ingii-waabamaanaan bezhig aw inini niibawid jiigaatig. Gaawiin gegoo gii-ikidosiin. Niibawid jiigaatig, indaano-gii-piibaagimaanaan. Gaawiin dash gegoo gii-ikidosiin. Gaawiin mamaajiisiin.

Ingii-kiiwemin onzaam ingii-segizimin ji-ayaayaang imaa. Mii dash gigizhebaawagak ingii-asemaakemin, mii dash gaa-ishkwaaseg gakina gegoo gaa-izhiwebiziyaang. Gidaa-bizindawaag gigitiziimag miinawaa gichi-aya'aag ekidowaad. Debwewag apane izhi-asemaakeyaang imaa nibiing. ●

4 Ingii-wiijiiwaa Ben

Gaa-tibaajimod ELFREDA SAM

Gaa-tibaajimotawaajin
KELLER PAAP & JADA MONTANO

Gaawiin awiya owiidookawaasiin. "Ahaw," indinaa. Gaa-izhi-gagwejimag nimaamaa ji-ganawaabamaad iniw abinoojiinyan, gii-ikido wii-kanawenimaad. "Gaawiin niwii-o-bawa'anziimin," ikido. "Niwii-kiizhitoomin iw manoomin."

Ingii-wiijiiwaa. Ingii-gikendaan-sh ko ekidowaad, "Asemaa ashi jibwaa-booziyan jiimaaning." Miish geget gaa-izhi-asag indasemaa, gaawiin dash wiin Ben. "Gaawiin ina giwii-asaasiin asemaa?" indinaa. "Enh, mii go iw!" Mii gaawiin dash i'iw, wii-wewinabi, gaa-izhi-ozhaashishing gaa-izhi-bakobiised.

"Nashke! Gidaano-gii-inin ji-biindaakoojigeyan." Gaawiin dash waasa ingii-izhaasiimin dash azhegiiweyaang. Ingii-pi-azhegiiwemin, onzaam gii-giikaji. "Gidaano-gii-wiindamoon ji-o-biindaakoojigeyan! Mii go iw," ingii-ikid. "Shke-sh giin gii-bakobiiseyan . . ."

Mii eta go gii-aazhogeyaang naa ba-azhegiiweyaang gii-giikaji. Mii iw minik gaa-pabaama'oonag. "Bizindawiyamban imaa gaawiin gidaa-gii-bakobiisesiin naa biindaakoojigeyamban, Zhawaanakwad."

Aabiding ingii-wiijiiwaa Ben gaa-kaandakii'igeyaan, niin ingii-paama'oonaa gaa-pawa'ang. Nindaano-gii-wiindamawaa ji-biindaakoojiged. "Mii go iw," indig. Gaa-pangishing imaa nibiing, "Na! Gidaano-gii-inin ji-biindaakoojigeyan." Baanimaa aano-boozid imaa jiimaaning, izhi-ozhaashishin. Gii-aazhogeyaang gii-ni-giikajid gii-pi-azhegiiweyaang, gii-nisaabaawe gaa-bakobiised. Mii iw minik gaa-pabaama'oonag. ●

9

5 Wiindaawasowin

Gaa-tibaajimod **RALPH PEWAUSH**

Gaa-tibaajimotawaajin **JOHN DANIEL**

Giishpin i'iw, i'iw isa oshki-wiij'ayaawindiwaad ingig inini naa-sh ikwe wiij'ayaawindiwaad sa go wiidigendiwaad. Miish inin naagaj igo ini biibiiyensan izhi-miinigoowiziwaad. Mii ow ikwe sa go maagizhaa omaamaayan ogii-kina'amaagoon akeyaa ge-izhichiged sa go zhigwa abinoojiinyan gigishkawaad. Miish azhigwa ondaadizid a'aw, aw oshki-abinoojiinh. Mii gii-ondaadizid.

Miish igo niiwogon, niiwogonagak mii apii onaagan atoowaad wiisiniwin naa-sh aniibiish maagizhaa waashkobaninig. Miish iw bagidinamawaawaad inin manidoon yo'ow. Mii azhigwa aw oshki-abinoojiinh azhigwa wii-abiitang o'ow aki. Mii akeyaa ezhichigewaad ongow Anishinaabeg sa go, sa go da-ani-ganawendaagozid wa'aw abinoojiinh, oshki-abinoojiinh.

Miish iw miinawaa geyaabi niiwogon, mii iw ishwaasogonagizid azhigwa aw abinoojiinh, miish miinawaa ge-izhi-bagidinamawaad miinawaa inin manidoon. Nawaj niibowa noongom wiisiniwin. Naa shke ge mii ingiw, ongow ge-wiiyawen'enyikaagejig, niiwin inin. Onaabeman niiwin ge wiin inin odinawemaaganan, mii inin owiiyawen'enyan waa-wiiyawen'enyikaagejig.

Naa-sh ge wiin onow owiiwan, mii ge wiin. Niiwin ge wiin odinawemaaganan wiiyawen'enyikaagewaad. Aaningodinong ko gaawiin ko dagoshinziiwag ongow waa-wiiyawen'enyikaagejig. Miish iw ge wiin iw niiwogon.

Naa shke ge, miish igo wiiyawen'enyikaagewaad. Mii minik azhigwa aw biibiiyens da-dakonaawaad. Mii ingiw onaabeman,

naa-sh owiiwan. Mii ishwaaso-wiiyawen'enyan. Mii dash iw
bebezhig da-dakonaawaad inin abinoojiinyan. Aw oshki-
abinoojiinh owiiyawen'enyan ge-izhi-ojiimaawaad. Miish iw
ge-izhi-gaagiigidowaapan ingig waa-wiiyawen'enyikaagejig sa go
gii-pawaajigewaad ingoji gii-onizhishininig iw obawaajigewiniwaa.
Mii imaa da-ganawenda'iwewaad inin oshki-abinoojiinyan
owiiyawen'enyiwaan.

Omaa akeyaa namadabiyaan, owidi-sh akeyaa enabiwaad niiwin.
Niiwin aw onaabeman. Niiwin inin odinawemaaganan, mii inin ge-
wiiyawen'enyikaagenijin. Naa-sh gaye wiin a'aw inin owiiwan, mii ge
wiin a'aw dibishkoo o'ow gaye wiin inin niiwin inin odinawemaaganan.
Mii ingig owiiyawen'enyan. Booch sa go ishkwaa-gaagiigidowaan imaa
miish wiinawaa wiinitamawaa ongow ge-izhi-gaagiigidowaad ongow
eshwaaso-owiiyawen'enyikaagejig. Naa ke imaa namadabiyaan imaa
akeyaa, mii imaa wenji-maajiishkaag [ninamanjinikaang]. Bezhig,
niizh, niswi, niiwin, naanan, ingodwaaswi, niizhwaaswi, ishwaaswi.
Mii ingig akina waa-wiiyawen'enyikaagejig, mii iw ge wiinawaa ge-izhi-
miinaawaapan inin oshki-abinoojiinyan ge wiin inin izhinikaazowin.
Ke ingig gii-kiizhiitaawaad akina ongow waa-wiiyawen'enyikaagejig,
mii zhaangaswi, zhaangaswi anishinaabewinikaazowinan da-
ayaangiban aw abinoojiinh.

Ke imaa akina ongow ge-wiiyawen'enyikaagejig booch
da-namadabiwaapan imaa michisag. Achigaadewan imaa
waabowayaanan ge-apabiwaajin. Naa-sh mii iw ge wiin a'aw ge-
ani-inaad inin manidoon ow sa, sa go gaagiigidod. Mii iw gaye
wiin michisag ge-izhi-namadabipan. Mii dash aw naagaanizid.
Naagaanizid aw, mii aw ge-miinaad inin abinoojiinyan
anishinaabewinikaazowin nitam. Miish ge wiinawaa ongow waa-
wiiyawen'enyikaagejig booch ge wiinawaa gegoo gii-pawaajigewaad iw
onizhishininig gegoo gii-pawaadang gegoo, mii ge-izhi-miinaapan inin
abinoojiinyan anishinaabewinikaazowin gaye wiin, gaye wiinawaa.

Ke ongow akina gayaagiigidojig, mii ingiw zhaangaswi.
Mii minik ge-ayaangiban a'aw oshki-abinoojiinh inin
anishinaabewinikaazowinan. Zhaangaswi odaa-ayaanan.
Gaawiin-sh wiin go izhiwebasinoon. Ayaaningodinong. Onzaam
ko aaningodinong waa-wiiyawen'enyikaagejig agaashiinyiwag
maagizhaa ge gaawiin sa go nitaa-gaagiigidosiiwag. Mii ow wenji-
anishinaabewinikaazoyang ge giinawind.

Miish igo akina ge-ani-izhichigewaad iw. Naa-sh ge mii go ongow ge, miinawaa ongow ge wiiyawen'enyan ge naa ge wiinawaa ge-izhi-miinaawaapan ow sa go anishinaabewinikaazowin.

Gii-kiizhiitaawaad, gii-kiizhiitaawaad akina, miish igo aw naagaanizid da-gaagiigidod. Mii ge wiin ge-izhi-wiiyawen'enyid igo da-inendaagoowizid. Gaawiin go memwech igo daa-wiiyawen'enyisiin. Meta ganoodamaaged. Mii aw ge-miinaad inin oshki-abinoojiinyan o'ow anishinaabewinikaazowin, maagizhaa ge ikwezensan, maagizhaa ge gwiiwizensan.

Booch oga-gikendaan sa go ge-izhinikaanaad ge wiin ow ge-ni-izhinikaanigod iniw wiij-anishinaaben. Booch ge gaye wiin o'ow da-bawaajigepan o'ow ge-izhinikaazonid inin oshki-abinoojiinyan. Ow akeyaa gaa-pi-ikidod ko aw akiwenzii.

Gidaa-bawaajige maagizhaa ge gidaa-waabamaa aw ge-ni-izhinikaazod. Naa-sh shke ge o'ow, Giishpin noondawad, noondawad a'aw awewen aw ge-noondaagozigwen maagizhaa ge awiya sa go ow a'aw isa maagizhaa ge waawaashkeshi, awegwen igo naayogaaded da-noondawaad inon. Booch da-noondawaad inin awenenan. Miish iw ge-izhi-izhinikaanaad inin oshki-abinoojiiyan. Maagizhaa ge oga-noondawaan booch da-gikenimaad noondawaad, mii ge-izhinikaanaad inin oshki-abinoojiinyan.

Mii akeyaa gaa-pi-izhi-gikinaa'amaagoowaan gaye niin gii-noondawag aw akiwenzii ginwenzh gaa-anokiitawag. Ingii-noondawaa ko.

Miish iw gaye niin igo noongom ezhichigeyaan iw gaa-pi-izhichiged aw akiwenzii inendaagoziwaanen iw akeyaa da-izhi-wiidookawag gaye niin aw niwiij-anishinaabe sa go ge gaa-pi-izhichiged apane Anishinaabe ani-wiidookawaad inin wiij-anishinaaben. Gaawiin go wenipanasinoon naa gaawiin ge memaazhiike gidaa-izhichigesiin. ●

6 Gidanishinaabewinikaazowininaan

Gaa-tibaajimod **DAVID SAM**

Gaa-tibaajimotawaajin **KIM ANDERSON**

Mii imaa nitam gaa-wiidigemag, ingii-ayaawaanaan a'aw bezhig ingos. Mii imaa dash gii-aanjigoziyaang imaa chi-oodenaang. Mii eta go omaa go gwayak gaawiin-sh gii-niizho-biboonagizisiin gaye mashi.

Mii apane imaa oshtigwaaning, gizhizowin ogii-ayaan. Mii imaa daanginang oshtigwaaning, mii ezhi-abwezod. Gaawiin dash geget gii-chi-aakozisiin. Mii apane go oshtigwaaning gii-gizhizod. Mii imaa dash ingii-izhiwinaanaan mashkikiiwigamigong. Gii-paataniinowag ingiw mashkikiiwininiwag, mashkikiiwikwewag gaa-waabamaawaad. Gaawiin-sh imaa ogii-gikendanziinaawaan ge-gwayako-wiidookawaawaad ji-ishkwaa-abwezod imaa oshtigwaaning.

Mii dash omaa akeyaa gaa-pi-giiweyaang. Ingii-pi-gaganoonaa indedeyiban. Ingii-wiindamawaanaan omaa sa gegoo imaa izhiwebizid aw ningozis. Mii ingii-wiindamawaanaanig ge ingiw mashkikiiwininiwag gaa-waabamaawaad, gaawiin-sh ogikendanziinaawaa ezhiwebizid. Mii dash gaa-ikidod, "Mii naganaakan omaa. Ningagwe-wiidookawaa."

Mii imaa dash ingwanama'e-giizhik miinawaa imaa gaa-pi-azhegiiweyaang. Mii imaa dash gii-waabaminang aw ingozis, mii imaa gii-piijiba'iwed ji-gikinjigweninang. Mii dash imaa wayeshkad imaa gaa-izhichigeyaang gii-taanginag imaa oshtigwaaning. Gaawiin-sh imaa geyaabi gii-abwezosiin.

14

Mii dash gaa-ikidod nindede, "Mii wa'aw 'Bebaamwewidang' ezhinikaazod azhigwa." Mii iw giiwenh, ogii-izhiwinaan Chi-achaabaaning. Mii dash gaawiin gii-abwezosiin niigaan akeyaa.

Mii ezhi-mashkawaamagak gidanishinaabewinikaazowininaan. •

7 Ezhinikaazoyaan

Gaa-tibaajimod **ELFREDA SAM**

Gaa-tibaajimotawaajin
KELLER PAAP & JADA MONTANO

Gii-piibiiyensiwiyaan niiyawen'enh ingii-miinigoo iw
'Bekinawaashiikwe.' Niiyawen'enh ingii-izhinikaanig
'Bekinawaashiikwe.' Niiyawen'enh ingii-miinig izhinikaazowin.
Miish i'iw ikidoyaan 'Kaadaak' wii-izhinikaazoyaan, niiyawe'enh
ezhinikaazod wii-izhinikaazoyaan, misawendamaan 'Kaadaak' wii-
izhinikaazoyaan.

Niiyawen'enh gaye a'aw mindimooyenh gaan-sh wiin ingii-
miinigosiin 'Kaadaak' gaa-izhinikaazod. "Awegonen wenji-
zhiingendaman i'iw?" "Gaawiin ninzhiingendanziin, onzaam
ginwaabiigad, gaawiin ninitaa-ikidosiin. Meta go 'Kaadaak' waa-
igooyaan niiyawen'enh ezhinikaazod waa-izhinikaazoyaan."

Gayat ingii-wiiyawen'enyimig gaa-miizhid. Gaawiin
ingii-kashkitoosiin da-bimoseyaan ingii-paagizide. Ingii-
dakokaadaan gegoo, mii i'iw gaa-izhinaagoziyaan. Gii-ishkwaa-
nanaandawi'igooyaan ingii-miinig 'Biidwewidamookwe.'

"Mii iw ge-ganawenimigoyan," ingii-ig. Raymond Robinson
iwidi Bagamaaganing, ingii-miinig 'Biidwewidamookwe.' Wiin dash,
Sam Mitchell, Medwe-ganoonind, mii wa'aw gaa-izhinikaazhid
'Bekinawaashiikwe.'

Gaawiin indaano-wii-izhaasiin, gaawiin ingii-gikenimaasiin
a'aw awenen aw Raymond Robinson. Ikido dash ninaabem,
"Mii go maanoo, izhi-maajaadaa," ikido. Ingii-poozi'igoog imaa

16

odaabaaning. Zhigwa gikendamaan dagoshinaan, mii sa iidog gaa-nibaawaanen, ingii-segiz gaa-gikendanziwaan ezhiwebiziyaan.

Megwaa nanaandawi'id, "Giga-bimose wen'," indig. Mii iw apii gaa-miizhid 'Biidwewidamookwe' ezhinikaazoyaan. "Wen' izhi-bazigwiin, giga-ani-akaagoo ji-o-booziyan odaabaaning." Weweni dash ingii-pooz, gaawiin gegoo ingii-izhiwebizisiin. Ingii-ni-giiwemin Gakaabikaang. Gaawiin ingii-omigiisiin. Gii-tagoshinaan endaayaang wii-gikendamowaad gii-kiishkizhogooyaan izhi-gagwejimiwaad, "Aaniin akeyaa gaa-izhichigewaad?"

"Gaawiin ingii-gikendanziin," ingii-inaag.

Mii apii gii-pi-maajaayaang, gaawiin ingii-omakizinisiin, dibi go adaawewigamigong, dibi go sa wiin igo oodenaang gii-adaaweyaang nimakizinan, bagiwayaanekizinan. ●

8 Gii'igoshimowin

Gaa-tibaajimod **RALPH PEWAUSH**

Gaa-tibaajimotawaajin **JOHN DANIEL**

Chi-mewinzha ingiw ininiwag ko gii-kii'igoshimowaad ko ingoji ko maagizhaa megwekob.

Ingoji aaningodinong ko naanogon maazhigaa ge awashime gii-kawishimowaad imaa mitakamig. Maagizhaa ge asemaan esaawaagwen imaa besho wiindamawaawaad manidoon waa-izhichigewaad inendaagoziwaad iidog ow.

Maagizhaa nanaandawi'iwewininiwan ogii-wiindamaagowaan da-izhichigewaad ow gegoo da-gikendang isa maagizhaa ge da-nanaandawi'iwed. Miish iidog imaa go aw bezhig inini, wiindamaagoowaan, gii-wiindamawid bezhig inini, "Mii omaa o-zhingishinin omaa. Maagizhaa ge nisogon, niiwogon." Mii eta go imaa zhingishing imaa. Mii minik o'ow, o'ow isa gaa-inind da-izhichiged. Gaa-onji-izhichiged o'ow maagizhaa ge gii-wiindamaagoowaanen nanaandawi'iwewinini da-izhichiged iw akeyaa ge-onji-gikendang. Maagizhaa gaye wiin o'ow, maagizhaa gaye wiin ow da-nanaandawi'iwed gaye wiin.

Miish iw gaa-izhi-inigod inin, "Mii iw minik. Mii iw minik. Mii ge-izhi-onishkaayan da-bi-wiijiiwiyan. Hay' mii sa gaawiin gii-pizindanziin iidog wa'aw inini nawaj imaa wii-zhingishing namanj iidog minik dasogon.

Miish ge iniw maagizhaa manidoon gaa-izhi-inigod sa da-giizhiitaad o'ow gaa-inind da-izhichiged. Miish gaawiin gii-pizindanziin. "Nawaj omaa niwii-shingishin," iidog gii-ikido, "Nawaj

19

gegoo niibowa da-ani-gikendamaan." "Gaawiin, mii go minik."
Miish gaawiin gii-pizindanziin.

Mii dash giiwenh iniw bezhig manidoon gaa-pi-izhi-
wiindamaagod, "Mii iw minik." Miish iidog namanj minik gaa-
izhichigegwen. Miish iw gaa-izhi-ishkwaataad gii-ani-giiwed.
Onzaam sa iidog o'ow gii-mashkawaakwadini ow gaa-izhichiged.
Miish iidog o'ow gaa-izhi-giizhiitaad gaa-izhi-inendang iidog
da-bazigwiid o'ow gii-kiizhiitaad wiin. Gaa-onji-izhichiged,
wii-chi-mashkawaakwadinig ow gaa-izhichiged wiidookawaad
Anishinaaben. Gaawiin-sh gii-pizindanziin.

Mii dash onon aniibiishan, mii inin ishkwaaj gaa-pi-
ganoonigojin. Miish iw gaa-izhi-bizindawaad inin. Onzaam eta o'ow
gaawiin ogagwe-gikendanziin gii-zhazhiibitang ow gii-inind gegoo
da-ishkwaataad. Miish gaa-ni-izhi-aakozid.

Mii inin aniibiishan gaa-shawenimigojin da-ishkwaataad. Gii-
onzaamichige iidog o'ow gaa-pizindanzig zhazhiibitang. Miish igo
inin aniibiishan ani-dagwaaging miinaawaa-sh ani-aditemagak inin
aniibiishan. Aditemagak, miish izhi-bangising. Miish a'aw inini
gaa-izhiwebizid gaye wiin. Mii go gaa-pi-ani-apiichined onow sa
aniibiishan gii-aditemagak da-bangising. Miish iw gii-pangising
inin akina aniibiishan, mii ge wiin a'aw inini gaa-izhi-ishkwaa-
bimaadizid. Mii inin aniibiishan gaa-shawenimigojin. Gii-pangising
iw, ge wiin gii-pangishing.

Mii akeyaa gaa-inaajimotaagoowaan mewinzha. Mii gii-
wanenimag awegwen go gaa-wiindamawid. Maagizhaa ge
indedeyiban ingii-wiindamaag. Gegoo ogii-gikendaanaawaa
niibowa ko akiwenziiyag. Booch gegoo awiya da-ani-bizindang ani-
wiidookawaad inin wiij-anishinaaben. ●

9 Ingii–kii'igoshimomin

Gaa-tibaajimod **BETTE SAM**

Gaa-tibaajimotawaajin

PERSIA ERDRICH & JOHN D. NICHOLS

Chi-gigizheb onishkaabiyaang, "Gego giziibiigiikegon. Gii'igoshimog gabe-giizhig," indedeminaan gii-ikido. Ingii-agaashiinyimin nishiime mewinzha.

Indede maagizhaa ge nimaamaa gaa-izhi-makadewikonaye'igooyaang. "Mii azhigwa ji-gii'igoshimoyeg. Gaawiin gegoo gidaa-minikwesiin, gidaa-miijisiin, meta go

21

megwayaak ji-baa-dazhitaayeg. Gego baa-mawadishiwekegon.
Booch igo da-gikendamoog gii'igoshimoyeg i'iw biizikameg iw
akakanzhe."

Mii azhigwa gabe-giizhig babaa-dazhitaayaang megwayaak.
"Gaawiin gegoo gidaa-minikwesiin nibi, gego gegoo miijikegon."

Nimikwenimaa a'aw nisayenh boodawed imaa megwayaakong.
Gaa-izhi-mikamaang i'iw miikanens gaa-ni-izhaawaad,
biijimaandamaang ishkode. "Ambe biindaakoojigedaa," ingii-inaa
a'aw nishiime.

Gii-mikawangid jiibaakwed nisayenh. Gagiibaadiziwag
wiijiiwaad inow wiij-aya'aan. Apane gizhiibatoowaad. Gaawiin
niwiiji'igoosiimin.

Nawaj wiinawaa gii-apiitiziwag, apane gii-kinjiba'iwewaad.
Gaa-izhi-mikamaang akeyaa gaa-ni-izhaawaad gii-waabamangidwaa
dazhi-jiibaakwaadamowaad iniw waawanoon, onzamowaad.

Ingii-koshko'aanaanig wii-ashandizowaad. Chi-goshkokaawaad,
"Gego dibaajimokegon ezhichigeyaang, giga-ashamigoom
waawanoon," gii-ikido nisayenh. Gaawiin dash nisayenh owii-
nishki'aasiin indedeminaan.

Indedeminaan ogii-o-waabamaan adaawewigamigong ininiwan,
"Gaawiin miinawaa da-mazina'igesiiwag indabinoojiinyimag
baamaa ozhibii'igaadeg." Gii-maazhichiged gii'igoshimod,
indedeminaan gaa-izhi-inaad, "Manisen gabe-giizhig, gaawiin ingoji
gidaa-izhaasiin niso-giizhig." Gaawiin booch ogii-miijisiin iniw
waawanoon.

"Gego giinawaa ingoji izhaakegon, mii go omaa dazhitaag,"
gii-ikido indedeminaan. Booch igo apane gii-chi-ashamigooyaang
ani-dibikak. Ingii-nishki'aanaan a'aw nisayenh. Gaawiin nigii-
kosaasiwaanaan nisayenh. Indede apane gii-paa-ayaa. ●

10 Bakaanige

Gaa-tibaajimod **BRENDA MOOSE**

Gaa-tibaajimotawaajin **NICK HANSON**

Biidwewegiizhigookwe indizhinikaaz. Brenda Moose dash zhaaganaashiimong indigoo.

Minisinaakwaang indoonjibaa, migizi indoodem. Niwii-wiindamaage indaanis gii-bakaaniged. Mii dash dabwaa-bakaaniged indaanis, nigii-waawiindamawaa dabwaa-bakaaniged akeyaa ge-ni-izhiwebizid, bakaan da-ayaad, wiineta azhigwa wii-bakaaniged. Mii dash aabiding, amanj igo apii dash gii-pi-ganoozhid, gegoo izhiwebizid imaa gii-kikinoo'amaagod, naawakweg igo ingii-pi-ganoonig.

Miish gaa-izhi-o-naanag imaa gii-kiiwewinag, waa-wii-ozhisidooyaan anooj igo gegoo bakaan da-nibaad. Gagwejimid, "Niineta na omaa inga-ayaa, indaa-biinaa na aw gaazhagens?" "Gaawiin," indinaa, "Booch giineta giga-bi-miinin anooj igo gegoo ge-izhichigeyan bizaanitaayan imaa maazhaa gidaa-gashkigwaas maazhaa gidaa-agindaas, gegoo sa go naa ge-izhichigeyan, giga-waawiindamaagoo akeyaa enaadiziwaad ogow bakaan azhigwa wii-ikwewiwaad.

Gaawiin dash gegoo gii-inendanziin, gaawiin dash gii-ikidosiin. "Mii gaawiin inga-bakadesiin," ikido. Aaniish-naa gii-piinichiged imaa waa-tazhi-nibaad, biinichiged imaa ozhisidood anooj igo gegoo ge-odaminod imaa. Gaawiin dash gaagiidowin ingii-pagidinaasiin da-ayaang imaa. Wasidaawendang zhigwa wii-aanjitood awiya waawiindamawag ge-izhiwebiziwaad ikwewag

dabwaa-oniijaanisiwaad, da-nitaa-ganawenindizod naa weweni
da-ganawenimaad dabwaa-ayaawaad oniijaanisan akeyaa da-ni-
izhitwaad.

Anooj igo gegoo dash ingii-wiindamawaa, shke, da-ni-
babaamenimaasig abinoojiinyensan, gaawiin da-o-bagizosiin.
Gaawiin odaa-daanginaasiin iniw abinoojiinyensan naa ingiw
eshki-bimaadizijig naa anooj igo gegoo sa. Mii dash ingoding
igo dabwaa-dibikak gii-maajii-jiibaakweyaan, gii-tagoshinowaad
nigozisag naa ninaabem, gii-anokii gaye wiin. Miinawaa nigozisag
gii-gikinoo'amaagoziwaad, "Aaniin dash a'aw Manii gii-pi-giiwed?"
gagwejimiwaad. Mii dash gaa-izhi-waawiindamawagwaa akeyaa

ezhiwebizid. Baapiwaad, "Gaawiin oga-minwendanziin," ikidowag. Ninaabem gii-tagoshin gaye wiin, wiindamawag ezhiwebizid.

Ingoding igo gii-nibaayaang bangii gii-ashamag, bangii nibi gii-o-miinag. "Indaa-bi-niisaandawe na?" ikido, "O-nibaawaad ingiw nindede naa nisayenyag," ikido. "Gaawiin," indinaa, "Booch imaa da-bizaanitaayan giineta go," indinaa, "Niin inga-biidoon iw ge-minikweyan naa ge-aabajitooyan." "Onh," ikido. Gaawiin dash gegoo gii-inendanziin gii-ikidosiin weweni go gii-o-nibaad. Gigizheb dash, "Maa! Aaniish wapii ge-wiisiniyaan?" ikido, "Mii azhigwa bakadeyaan." "Baamaa onaagoshig giga-ashamin miinawaa, wenda-bangii gigii-ashamin dibikong, aaniish-naa mii ezhichigewaad ongow ikwezensag, mii gaa-izhichigewaad ongow ikwewag bakaanigewaad ayi'ii bakaan azhigwa ezhiwebiziwaad. Gaawiin ashamaasiin chi-niibowa azhigwa o'ow azhigwa gaa-inendamowaad naa da-miigwechiwi'aawaad iniw manidoon naa mii akeyaa ezhichiged." "Onh," ikido.

Mii dash, mii azhigwa wiineta gii-ayaad imaa odabiwining, mii dash azhigwa miinawaa dagoshinowaad nigozisag naa ninaabem ishkwaa-jiibaakweyaan dash niinawind gaa-izhi-wiisiniyaang, maajii-gashkigwaasoyaan iw gii-ozhisidooyaan gaye onaagan bangii ashamag nindaanis. Ganoonag ajinens imaa odabiwin waawiindamawag akeyaa ge-izhiwebizid, da-wiisagendam bangii imaa omisad. Azhigwa naa indinaa, "Maazhaa go naanogon giga-izhiwebiz maazhaa go niizhwaasogon giga-izhiwebiz iw amanj igo apii giin igo ge-ishkwaataayan mii iwapii ge-izhi-niisaandaweyan anooj igo gegoo geyaabi dash da-ganoonagwaa gidinawemaaganag da-ashamigooyan ozhisidooyaang iw wiisiniwin."

Mii dash awegodogwen naa, gii-ishkwaa-giziibiiginaaganeyaan, gaawiin dash ingii-gikenimaasiin ninaabem gii-mooshkinadood iw onaagan gii-o-atood imaa ishkwaandeming. Mii dash bangii igo gaa-izhi-inaad, "Nibiidoon o'ow ge-miijiyan." Mii dash biibaagid nindaanis, mii apii gii-niisaandawed ninaabem. Mii iw namadabid imaa apabiwin ganawabandang iw mezinaateseg. Mii dash ganoozhid indaanis biibaagid, "Maam! Indaa-miijin na iw wiisiniwin?" Gaa-izhi-inaabiyaan iwidi imaa iw onaagan ateg wiisiniwin chi-niibowa naa aano-wii-ashamigod odedeyan. "Gaawiin," indinaa, "Gigikendaan. Gaawiin gidaa-miijisiin iw, mii debiseg gaa-miinigooyan," indaano-wii-inaa. Oonh yay chi-gibaakwa'ang iw ishkwaandem, ikidod, "Gizhiingenimin Maam!" chi-nishkaadizid. Ninoondawaa go gegaa go ganabaj mawid imaa. Wenda-zhawenimaa.

Miish gaa-izhi-inag ninaabem, "Giin na gigii-izhichige iw?"

"Eya," ikido, ezhi-bazigwiid agwajiing babaamosed agwajiing. Gegaa go nigii-nishkimaa gii-pagidinaasiwag iw da-miijid aw nidaanis. Aaniish-naa apane iw ogii-wenda-zhawenimaan iniw odaanisan. Niiwin ogozisan, mii eta go dash bezhigod odaanisan. Ogii-wenda-zhawenimaan. Apane go gii-bagidinaad anooj igo gegoo da-izhichiged naa da-adaawetamawaad anooj igo gegoo. Gii-wenda-minwendam gii-ondaadizinid.

Chi-nishkaadizi nidaanis dabwaa-nibaayaan iw naa nigaganoonaa miinawaa. Mii iw gaawiin ninakwetaagosiin, chi-nishkaadizid. Indaano-ojiimaa gaye. "Gego izhichigeken," niwiindamaag, "Gaawiin gizhawenimisinoon," ikido. Gaa-izhi-boonimag.

Nisogon dash azhigwa ezhiwebizid indaano-waawiindamawaa, nashke iw gii-kanoonag ganoonag gigizheb imaa, "Onishkaan giga-biidamoon gegoo ge-maajii-gashkigwaasoyan maazhaa go waabooyaan gidaa-maajiikaan," indinaa. Gaa-izhi-biidawag gashkigwaason. Mii iw. ●

11 Babagiwayaan

Gaa-tibaajimod **BRENDA MOOSE**

Gaa-tibaajimotawaajin **NICK HANSON**

Gaa-izhi-biidooyaan imaa babagiwayaan naa moozhwaagan ganooj igo miinawaa i'iw da-gashkigwaasod. Aaniish-naa aabita-giizhig gaa-izhichiged gii-tazhiikang i'iw babagiwayaan dabwaa-gashkigwaasod. Ingoding go ikido, "Gaawiin onjida, Maam, ge-izhi-baabii'oyaan da-wiisiniyaan. Mii eta go, giishpin biidawiyan gegoo ge-minikweyaan." Bezhig dash onaagaans menwaagamig ingii-ozhitoon gii-o-miinag waawiindamawag, ganawaabamigod iniw manidoon. Mii dash wiindamawag, "Giga-zhawenimig aw manidoo, mii akeyaa gaa-pi-izhichigewaad ongow oshkiniigikweg naa da-gikinoo'amawindwaa ogow oshkiniigikweg akeyaa ge-inaadiziwaad dabwaa-ayaawaawaad abinoojiinyensan naa dabwaa-wiipemaawaad onow ininiwan naa akeyaa da-ganawendang owiiyaaw, da-bizindawaawaad iniw onookomisan waawiindamaagod akeyaa ge-izhitwaad wa'aw ikwe dabwaa-wiidiged dabwaa-ayaawaad oniijaanisan. Aaniish-naa anooj igo gegoo da-moozhitood dabwaa-ayaawaad naa da-wii-gikendang dabwaa-ayaawaad iniw abinoojiiyensan. Naa go mazina'igan iw ingii-pi-miinaa da-gikendang o'ow anooj igo gegoo ezhiwebiziwaad ogow ikwewag da-ganawenindizowaad naa da-

29

bizogendamowaad i'iw owiiyaaw naa da-zhawenimaawaad gakina abinoojiiyensan akeyaa da-gikinoo'amawindwaa ogow abinoojiinyag da-mino-bimaadiziwaad da-maajiigiwaad weweni sa akeyaa da-izhitwaawaad gaye wiinawaa.

Naanogon dash wiineta ingii-kanawenimaa imaa abiwin. Giishpin gii-pagizod gii-abaabasod imaa wiineta imaa gii-ayaad naa wiineta go gii-pagizod baamaa gii-o-nibaawaad ogow niniijaanisag naa ninaabem, mii iwapii gii-pagizod wiin, naa gii-abaabaswag weweni go dabwaa-nibaad imaa wiin igo gii-ni-waawiindamawag akeyaa gaa-izhiwebiziwaad gaa-ayizhiwebiziyaan gaye niin gii-bakaanigeyaan.

Mii dash azhigwa naanogon imaa eyaad wiineta gaa-izhi-wiindamawagwaa besho enawemagwaa azhigwa, "Mii gii-ishkwaataad da-ashamangwaa." Mii dash azhigwa gii-onaagoshig, mii gii-tagoshing ninaabem gii-ishkwaa-anokiid dash wiindamawag, "Mii azhigwa gii-kiizhiitaad wa'aw gidaanisinaan," indinaa, "Gidaa-o-baa-wiikomaag asemaa gidaa-o-miinaag ingiw ge-pi-izhaawaad maazhaa go niizhwaaso-diba'iganek," ingii-inaa, "Giga-atoomin wiisiniwin naa da-ashamind wa'aw."

Mii dash weweni gaa-izhi-ni-maajaad wenda-minwendang azhigwa anooj igo gegoo ge-miijinid odaanisan. Weweni jiibaakweyaan akina anooj igo gegoo menwendang da-wiisinid o'ow wiiyaas, zaasakokwaan, opiniig, anooj igo gegoo ingii-chiibaakwen ge manoomin. Ishkwaa-jiibaakweyaan ozhisidooyaan imaa michisag ow niwiisiniwin, asemaa. Dagoshinowaad azhigwa ogow ikwewag naa aanind ogow ininiwag bi-waabamaawaad oshkiniigikwewid wa'aw indaanis zhawenimaawaad. Mii dash ninaabem gii-o-ganakinang iw giizhikaandag, mii imaa da-dakokiid biinind imaa onibewigamigong da-dakokiid zhigwa niisaandawed imaa da-bi-inaabid imaa wiisiniwin gii-atooyaan. Gegaa go gii-shaagwenimo imaa da-waabamaad gakina odinawemaaganan.

Akina sa go gaye ogii-piidoonaawaa gegoo da-baa-miinaawaad anooj igo gegoo. Meshkwadoonigan gaye gii-miinaa, ninaabem dash ogii-zaka'waan iniw opwaaganan debenimaad imaa a'aw dewe'igan weweni miigwechiwi'indwaa ogow manidoog. Oshki-ikwewid aw indaanisinaan naa gaye wiinawaa ogow ikwewag gii-waawiindamawaawaad aw indaanis Waabishkaanakwadookwe akeyaa ge-ni-inaadizid naa miinawaa gaa-izhiwebiziwaad akeyaa gii-bakaanigewaad, gii-bakadewaad naa gii-nishkaadiziitawaawaad omaamaayan gii-ashamaasiwindwaa.

Baapiwaad, indaanis wenda-minwendam, gaawiin dash ogii-kashkitoosiin niibowa da-wiisinid. Mii go niibowa imaa wiisiniwin indaano-wii-atoon imaa onaaganing, mii dash gaawiin, gii-chi-baapiwaad ingiw ikwewag gaye wiinawaa gii-gikendamowaad gaawiin. Aaniish-naa gii-chi-wiisinisig. Shke wiineta imaa gii-ayaad odabiwining. Gaa-izhi-ganoonigod odedeyan gaye, "Gegaa go nigii-chi-maanendaan i'iw gii-izhiwebiziyan," ikido, "Gegaa go nigii-miigaanaa a'aw niwiiw," ogii-inaan, "I'iw ezhichiged," ikido. Mii ezhi-baapid. Mii dash weweni dash gaa-izhiwebizid a'aw niin indaanis.

Miish ingiw ikwewag gii-gaganoonaawaad nindaanis. "Ingo-biboon anooj igo gegoo gaawiin gidaa-izhichigesiin, gaawiin gidaa-gaganoonaasiin ingiw oshki-ininiwag," naa da-daanginaasig abinoojiinyensan da-biizikang makizinan naa dabwaa-dakokiid imaa akiing. Naa gaawiin megwekob wiineta da-babaamosesig naa da-bagizosig imaa zaaga'iganing, naa weweni da-ganawenindizod naa gegoo da-giishkizhang owiinizisan baamaa ingo-biboon apii gegoo da-giishkizhang owiinizisan giishpin geget wii-izhichiged da-miinaad omaamaayan iniw wiinizisan giishpin bangii wii-kiishkizhang.

Anooj isa go gegoo gii-waawiindamawaa naa weweni go da-biini'idizo naa weweni da-ganawendang i'iw gaa-aabajitood i'iw

ezhiwebizid da-miskwiiwid naa da-booni'aad iniw ininiwan da-
miigaazokaazosig gagwejiiwaanaasig gwiiwizensan.

Gii-kaganoonigod iniw ikwewan akeyaa ge-inaadizid igo ingo-
biboon da-ganawenindizod naa da-ni-maajii-nitaa-jiibaakwed anooj
igo gegoo weweni da-inaadizid weweni da-zhawenimaad onow
osayenyan naa weweni sa go apane da-inendang dabwaa-izhichiged
gegoo da-gagwedwed giishpin gegoo gikendanzig. Naa apane go
da-ani-gikinoo'amaadizod i'iw anooj igo gegoo ezhitwaad wa'aw
ikwe, oshkiniigikwewag da-nitaawichigewaad yo'ow azhigwa wii-
wiidigewaad naa da-ganawenimaawaad onow owiiji-anishinaabeman
naa weweni apane sa go da-bizogendang yo'ow bimaadiziwin
gaa-miinindwaa ogow Anishinaabeg. Naa gaawiin apane odaa-o-
wiiji'aasiin owiijiiwaaganan ingo-biboon da-bizaanitaad igo weweni
da-gikinoo'amaadizod o'ow anooj igo gegoo. Mii dash miinawaa
ingo-biboon miinawaa da-ashangeyaang ingo-biboon da-inaadizid
iw akeyaa. Mii iw. ●

12 Mii iw Apii Gii-wenda-mayagiziyaan Gii-kwiiwizensiwiyaan Gaye

Gaa-tibaajimod **LEE STAPLES**

Gaa-tibaajimotawaajin **DUSTIN BURNETTE**

Mii imaa wii-tazhindamaan i'iw wayeshkad gii-gikinoo'amaagoowiziyaan bezhigwanong abiwining ingii-gikinoo'amaagoowizimin. Mii go imaa besho Aazhoomog gii-ayaamagak i'iw gikinoo'amaadiiwigamig.

Shke mii go imaa i'iw abiwining gii-naawakwe-ashamigooyaang. Jiibaakwekwe gii-ayaadog imaa gaa-ozisidood waa-miijiyaang. Azhigwa gaa-kiizhi-wiisiniyaang, ingiw ikwezensag gaa-wiiji-gikinoo'amawijig, mii ingiw gaa-kiziibiiginaaganejig.

Shke dash o'ow azhigwa ani-giiweyaang moozhag ingii-wiindamawaadog a'aw mindimooyenyiban gaa-nitaawigi'id gii-aakoshkadeyaan. Mii dash a'aw mindimooyenyiban gaa-ikidod, "Gemaa gaye mii iw wenji-izhiwebiziyan, gaawiin weweni giziibiiginaaganesiiwag ingiw ikwezensag imaa gaa-kiziibiiginaaganejig. Mii imaa wenjikaamagadogwen aakoshkadeyan."

Mii gaye gaa-izhid a'aw mindimooyenyiban, "Nebowa ingiw ikwezensag imaa eyaajig booch eni-izhiwebiziwaagwen a'aw ikwezens eni-izhiwebizid azhigwa wii-ni-ikwewid. Shke, mii o'ow apii maamawi-mashkawaadizid a'aw weshkiniigikwewid, azhigwa ani-aanji-bimaadizid. Shke i'iw wenda-mashkawaamagak gidaa-aakoziishkaagon," ningii-ig mindimooyenyiban.

Mii ko apii bakaanadinig i'iw onaagan, emikwaanens, minikwaajigan, eni-aabajitood a'aw ikwezens. Shke geget gii-segendamoog ingiw ningitiziimag da-bitaakoshkamaan naa gaye da-biindigeshkaagoyaan wenda-mashkawaamagadinig eyaang a'aw ikwezens azhigwa wii-ni-ikwewid. Shke a'aw akiwenziiyiban, mii iw gaa-izhiwebizid. Gii-wenda-aakozi. Mii dash a'aw mindimooyenyiban gaa-izhid, "Mii waa-izhichigeyaang, mashkimod niwii-kashkigwaadaan ge-bimoondaman da-maajiidooyan i'iw gidoonaagan biinish i'iw emikwaanens miinawaa minikwaajigan ge-aabajitooyan endaso-giizhik imaa ashamigooyan endazhi-gikinoo'amaagoowiziyan."

Shke geget gii-sanagizi a'aw mindimooyenyiban. Mii go booch da-odaapinamaan gaa-igooyaan da-izhichigeyaan. Shke dash endaso-giizhik mii imaa gii-pimoondamaan i'iw mekadewaamagak mashkimod gaa-ozhitamawid a'aw mindimooyenyiban.

Gaawiin gaye da-wiinenimindwaa ingiw ikwezensag o'ow apii ani-izhiwebiziwaad ani-ikwewiwaad. Shke dash i'iw ingii-wenda-mayaginaagozinaadog apane gii-pimoondamaan i'iw mashkimod gii-gikinoo'amaagoowiziyaan. ●

13 Gii-kii'igoshimoyaang

Gaa-tibaajimod **BETTE SAM**

Gaa-tibaajimotawaajin **MONIQUE PAULSON**

Mewinzha gii-agaashiinyiyaang apane indede gii-ikidod ji-gii'igoshimoyaang. Makadewaa gii-atoowaad imaa indengweyaang ji-gikenimigooyaang gii'igoshimoyaang, gaawiin awiya indaa-ashamigoosiimin.

Apane gii-ikidod, "Gii'igoshimod awiya gii-ni-mashkawendaagozi weweni ji-ayaad. Aaningodinong awiya gii'igoshimod gii-ni-manidoowendaagozid.

Mii sa go aabiding babaa-ayaayaang imaa megwayaak nishiime naa nimise gaa-izhi-ginjiba'igooyaang. Mii eta nimise gaa-wiiji'ag. Gaa-izhi-nandawaabamangid nishiime aaniindi gaa-ni-izhaad.

Gaa-izhi-biijimaanjigeyaang, "Awenen danaa e-boodawed?" Gaa-izhi-naazikamaang ishkode biijimaandamaang, bi-dagoshinaang gaa-izhi-waabamag boodawed nishiime. Waawanoon dazhi-onzang naa waashkobizinid gaye ogii-ayaawaan, naa bakwezhiganan gaye ogii-ayaawaan. Gaa-izhi-ikidoyaan wii-maanaajimag apane ginjiba'iwed. "Gego maanaajimoken. Ga-ashamigoom i'iw waashkobang." Gaa-izhi-inag, "Gaawiin gidaa-wiisinisiimin gii'igoshimoyang. Gigii-inigoomin zhebaa, gaawiin gidaa-wiisinisiimin baamaa ni-giiweyang."

Bi-azhegiiweyaang nimise. Gaa-izhi-noondamaang i'iw nindede azhigwa biibaagid, "Ambe bi-wiisinig!" Gaa-izhi-maajiibatooyaang ji-o-wiisiniyaang.

"Ishkwaa-wiisiniyeg ji-wiidookawiyeg ji-daashkiga'amang

36

i'iw misan. Biindigadoog gaye weweni okosidoog." Nishiimeyag
daashkiga'amowaad i'iw misan gaa-izhi-ikidod nishiime, "Aaniin
dash wiidookaazosig iniw misan?"

Gaa-izhi-dakonamaan ge niin i'iw waagaakwad gii-ni-
daashkiga'amaan i'iw misan, oonh yay! Gaa-izhi-bana'amaan
i'iw misan gaa-izhi-bakite'amaan nizid daashkiga'amaan i'iw
nishkwezid. Chi-miskwiiwang i'iw nizid. Gaa-izhi-biijibatood
nizigos, biindaakwe gaye. Mii iniw gaa-aabaji'aajin biindaakwaanan
ziinzoopizhid i'iw nishkwezid.

Madwe-baapid nishiime dibishkoo go nigagaanjinawenimig
nizid miskwiiwang.

Gaa-izhi-wiindamawag indede i'iw gaye wiin gii-waabamag
nishiime dazhi-onzang iniw waawanoon ji-miijid megwaa go
gii'igoshimoyaang. Gaa-izhi-bapasidiye'ond. Mii niinitam
gagaanjinawenimag ezhi-baapiyaan gaye niin. ●

14 Ezhichigeng Geyaabi sa go Niimi'iding

Gaa-tibaajimod **SUSAN SHINGOBE**

Gaa-tibaajimotawaajin **MICHAEL SULLIVAN SR.**

Niwii-tazhindaan bangii gaa-izhichigewaad ko gii-niimi'idiiwaad. Gaa-pi-izhi-waabangeyaan ge mewinzha akeyaa gaa-izhichigewaad. Akawe ko ge ashangewag nandomaawaad bezhig imaa bezhig dewe'iganing debendaagozinijin. Jiibaakwewaad ingiw ogichidaakweg biindigadoowaad wiisiniwin imaa niimi'idiiwigamigong ashaamaawaad akina imaa awiya debendaagozinijin naa go awiya waa-pi-wiisinid.

Miish imaa inaakonigewaad iwapii ge-niimi'idiiwaad. Miish ayiigwa ojijisenig gaa-inaakonigewaad iwapii ge-niimi'idiiwaad, mii baabiindigadoowaad ingiw ikwewag naa ininiwag waabowayaanan, ge-okosijigewaad.

Onaagoshininig ko gii-naano-giizhigadinig, gii-ashangewag imaa debendaagozijig imaa dewe'iganing. Naano-giizhigadinig onaagoshininig, miish miinawaa waabaninig ishkwaaj-anokii-giizhigak, mii iwapii ishkwaaj-anokii-giizhigak igaye mii iwapii miinawaa eshangewaad. Akina ingiw ogichidaakweg naa go ininiwag baabiindigadoowaad wegonen waa-ashangewaad. Miish miinawaa eshkwaa-naawakwenig, mii maajitaawaad wii-niimi'idiiwaad, wii-okosijigewaad megwaa maajii'amowaad ingiw ininiwag imaa debendaagozijig, akina imaa awiya debendaagozid, niimi'ind. Ishkwaaj ko ogichidaakweg gii-niimiwag, mii ishkwaaj ko gaa-niimi'indwaa.

Miish gaa-ishkwaa-niimi'indwaa ingiw ogichidaakweg, mii ayiigwa niizh ininiwag, apane gii-pi-izhise da-ganawendamaagewaad

38

iniw dewe'iganan. Miish ingiw nitam wekosijigejig. Zhaangaswi maazhaa ge midaaswi ogii-aabajitoonaawaan waabowayaanan, wegodogwen sa go waa-okosijigewaagwen, zhooniyaan igaye.

Mii gakina imaa ingiw ininiwag debendaagozijig nitam wekosijigejig. Gaa-ishkwaa-okosijigewaad ingiw ininiwag, mii ingiw wiinitamawaa ingiw ogichidaakweg, okosijigewaad. Waabowayaanan naa go wegodogwen waa-okosidoowaagwen. Miinawaa ingiw imaa debendaagozijig ikwewag aanind baa-miigiwewaad gidagiigin minik ko ge deba'oonaawaad iniw ikwewan imaa ba-niimi'idiinijin ba-ganawaabamigowaajin. Ogichidaakweg eta debendaagozijig imaa dewe'iganing gaa-miigiwejig gidagiigin miinawaa go zhooniyaan.

Mii ishkwaa-okosijigewaad, eshkwaa-naawakwenig gii-kiizhiitaawag ko naano-diba'iganedinig maazhaa ge ningodwaaso-diba'iganedinig, mii miinawaa maajaawaad akawe da-o-jiibaakwewaad ingiw ikwewag, ininiwag sa go gaye.

Mii miinawaa ko ashangewaad. Mii iw ishkwaaj-anokii-giizhigak, eni-onaagoshig, gii-ashangewaad miinawaa biindaakoojigewaad, asemaan imaa asaawaad baakishing a'aw dewe'igan. Akina go imaa awiya gaa-ayaad ko bakaan ko ge gii-onjibaawag imaa gaa-pi-niimi'idiijig mii go gaye wiinawaa ingiw gii-piindaakoojigewaad. Miinawaa ko awiya opwaaganan, asemaa imaa asind imaa opwaaganing, baa-zagaswe'aawaad gakina imaa eyaanijin, aanind wiin go gaawiin, meta go ombinaawaad iniw opwaaganan, gaawiin owii-wiikwamaasiwaawaan.

Miish ayiigwa, gaa-kiizhi-ashangewaad, mii ayiigwa maajii-niimi'idiiwaad, wiizhaandiwaad. Waabowayaanan ko gii-wiizhaandiwag. Awegwen igo gaa-wiizhaamind, mii bakaan gegoo o-azhe-miinaad iniw gaa-o-wiizhaamigojin. Amanj igo apii go maazhaa ge aabitaa-dibikadinig, mii ko wapii gaa-ishkwaa-niimi'idiiwaad, maazhaa gaa-ayekoziwaagwen akina ingiw imaa debendaagozijig dewe'iganing. Mii sa iidog i'iw. ●

15 Mii i'iw Gaa-igooyaan Gii-kwiiwizensiwiyaan Ge-ni-izhichigeyaan Endazhi-niimi'idiiked a'aw Anishinaabe

Gaa-tibaajimod **LEE STAPLES**

Gaa-tibaajimotawaajin **DUSTIN BURNETTE**

Mii go apane gii-naazikaageyaang gii-aabajichigaazowaad ingiw manidoo-dewe'iganag gaa-ayaajig omaa akeyaa. Shke a'aw akiwenziiyiban gaa-nitaawigi'id, Ogimaawabiban gii-izhinikaazo. Shke onow dewe'iganan ogii-kanawenimaan imaa Aazhoomog ezhi-wiinjigaadeg. Mii dash imaa gii-naazikaageyaang ingiw dewe'iganag gii-aabajichigaazowaad imaa Neyaashiing, biinish gaye iwidi Minisinaakwaang ani-niimi'idiikewaad ingiw Anishinaabeg miinawaa go gaye imaa Gwaaba'iganing gii-aabajichigaazod dewe'igan imaa gaa-ayaad.

Ishke dash gaa-igooyaan, mii zhigwa imaa biindigeyaang ani-baakishimind a'aw manidoo-dewe'igan waa-aabajichigaazod. Mii eta go apii ge-bazigwiiyaan omaa giishpin wii-niimiyaan biinish gaye waakaa'igaansing wii-izhaayaan. Shke gaa-igooyaan, "Gego naa ge baamibatooken miinawaa gego naa gaye gizhibaabatooken imaa dewe'igan waa-ni-aabajichigaazod."

Mii iw gaa-igooyaan, "Giishpin imaa babaamibatooyan bangishinan geget gidaa-wenda-wiisagishin." Shke mii imaa gii-segimigooyaan. Gegoo imaa anooj da-ni-izhichigesiwaan megwaa imaa eni-aabajichigaazod manidoo-dewe'igan. Miinawaa mii gaye gaa-igooyaan, "Azhigwa ani-baakishimind a'aw gimishoomisinaan

40

mii imaa ishpiming jiigayi'ii a'aw dewe'igan ayaawaad ingiw manidoog. Mii imaa wenzaabamaawaad miinawaa wenjitawaawaad onow odanishinaabemiwaan eni-manidookenid. Shke dash ingiw manidoog gidaa-zhawenimigoog zakab omaa nanaamadabiyan bizindaman miinawaa ganawaabiyan eni-izhichigewaad ingiw Anishinaabeg megwaa imaa niimi'idiikewaad.

Shke geget oda-minwendaanaawaa ingiw manidoog waabamikwaa weweni imaa nanaamadabiyan. Shke imaa weweni ani-ganawaabiyan, mii go imaa giniigaaniiming ge-ondinaman da-ni-gikendaman a'aw Anishinaabe eni-izhichiged ani-niimi'idiiked."

Shke gaye gaa-igooyaan azhigwa gaa-niimiyaan, "Gidaa-o-zekizwaag ingiw akiwenziiyag imaa nenaamadabijig da-ni-nanaweshimoyan enaasamabiwaad ingiw akiwenziiyag. Mii dash i'iw ge-izhi-bazigwiiwaad ge wiinawaa da-niimiwaad zekizwadwaa imaa nanaamadabiwaad." ●

16 Gii-pagadinigooyaan Da-izhaayaan Niimi'idiiwigamigong

Gaa-tibaajimod **FRANCES DAVIS**

Gaa-tibaajimotawaajin **CHATO GONZALEZ**

Gaawiin ingii-bagidinigoosiin da-izhaayaan niimi'idiiwigamigong gii-agaashiinyiyaan baanimaa midaaso-biboonagiziyaan naa-sh booch igo da-bizaanabiyaan naa asemaa biindiganind imaa dewe'iganing asemaa-onaanganing asag a'aw asemaa.

Dedaakam iko apane gii-dazhindang ge-izhichigewaad ingiw Anishinaabeg. Apane go gii-dazhimaad abinoojiinyan da-bizaanabinid maagizhaa da-giiwewinaawaad oniijaanisiwaan giishpin bizaanabisinig gii-inaad weniijaanisijig da-giiwewinaawaad.

Noongom idash ingiw abinoojiinyag zazaagizibatoowaad, gaawiin bizaanabisiiwag. Mii ko Dedaakam gaa-dazhindang, gaawiin owaabamaasiin dewe'iganan abinoojiinyan odoonzaabamaan ezhichigenid a'aw Manidoo. ●

43

17 Aabiziishing

Gaa-tibaajimod **SUSAN SHINGOBE**

Gaa-tibaajimotawaajin **MICHAEL SULLIVAN SR.**

Indede ko ingii-noondawaa dadibaajimod, mii iw gaa-wiindamawaad aanind Anishinaaben, amanj gaa-taso-biboonagiziwaanen gii-noondawag ekidod iw. "Mewinzha gaa-izhiwebak," ikido. Ke, gaa-izhi-waawiindamaagozid aw Anishinaabe ge-ni-izhi-bimaadizid.

Mii ge gii-ishkwaa-ayaad a'aw mindimooyenh, gebwaa-niiyogonagadinig, mii gii-aabiziishing. Mii tagiizh ge aano-gii-izhaad iwidi, gebwaa-aabiziishing ge, aano-gii-izhaad iwidi Anishinaben ayaanid, mii ge gaa-izhi-inind, "Gaawiin omaa giwii-ayaawigoosiin, onzaam gimaazhimaagoz." Mii ge miinawaa iwidi aano-gii-izhaad Chi-mookomaanan eyaanid, mii ge gaawiin mii iwidi owii-ayaawaasiin, onzaam gii-inaad, "Gaawiin omaa gidibendaagozisiin."

Iniw Anishinaaben aano-gii-izhaad, gii-anami'aa a'aw mindimooyenh, maazhaa ge gaa-siiga'andawaawinden. Mii gaa-onji-inind ge, "Gimaazhimaamin!" Mii iw gemaa gaa-tazhi-giiwaajitood, meta go ojiibikensan gaa-paa-miijijin. Mii sa iidog dash i'iw gaa-onji-izhiwebizid, gii-aabiziishing, da-bi-wiindamawaad iniw wiij-anishinaaben ge-ni-izhi-bimaadizinid. "Gaawiin wiin gigii-asigoosiimin da-anami'aayang, da-ziiga'andaagooyang igaye," ikido. Nake, gaa-pi-waawiindamaagozid a'aw Anishinaabe ge-ni-izhi-bimaadizid. Mii sa eta go iw minik gekendamaan imaa. Chi-mewinzha iidog gii-izhiwebad o'ow.

Miish niinawind gaawiin wiikaa ingii-izhaasiimin.

44

Nigitiziiminaanig ingii-wiindamaagonaanig wiikaa da-izhaasiwaang
Chi-mookomaanag endazhi-anami'aawaad. Nigitiziimag sa ko gii-
abinoojiinyiwiyaang ingii-igonaan wiikaa imaa da-o-biindigesiwaang
enami'aajig, Chi-mookomaanag enami'aawaad.

Gii-ozhisin ko ge imaa i'iw makadewikonayekweg gaa-taajig
gii-taawaad. Miinawaa chi-waakaa'igan imaa gii-ozhisijigaadeg
gaye. Mii ko wiin ko imaa abinoojiinyag gii-pagidinigooyaang da-o-
dazhitaayaang zhooshkwaada'eyaang igaye. Gaawiin ingikendanziin
roller skates ezhinikaadeg. Mii iw anama'ewigamig imaa gii-
ozhichigaade igaye. Mii dash apane gaa-igooyaang da-izhaasiwaang
niinawind. Anishinaabeg ko aanind, gii-o-anami'aawag. Mii sa iw. ●

18 Ziigwang

Gaa-tibaajimod **SUSAN SHINGOBE**

Gaa-tibaajimotawaajin **MICHAEL SULLIVAN SR.**

Indadazhindaan eta go gaa-pi-izhi-waabangeyaan megwaa ani-ziigwang. Nitam inga-dibaajim zhiiwaagamizigan, iskigamizigeng niwii-tibaajim ko gaa-izhichigeng. Nitam ko ininaatigoon baa-nandawaabamaawaad nigitiziimag, baa-atoowaad negwaakwaanan. Akawe indede ko ogii-ayaan iw wii-paa-bagone'waad iniw mitigoon, miish imaa gii-atood bagwaanaatig. Miish imaa gii-onjigaag i'iw wiishkobaaboo. Ingii-wiidookawaanaanig ko naadoobiiyaang, akikoog maajiinangidwaa, baa-asiginamaang iw wiishkobaaboo imaa gaa-izhi-ziiginamaang chi-akikong. Mii debisewendamowaad minik gegoo, gii-onaakwa'waawaad iniw mitigoon imaa agoonaawaad niibowa akikoon naa okaadakik.

Ayiigwa ani-ondeg, mii ezhi-naazikang wiishkobaaboo, miish imaa ezhi-ziiginamowaad akikong chi-okaadakikong, miish imaa gii-onzamowaad iw wiishkobaaboo. Miish ko imaa ginwenzh ko ogii-dakamizaanaawaa, miish imaa gii-ozhitoowaad i'iw zhiiwaagamizigan.

Mii sa iw ayiigwa enendamowaad ginwenzh ko ogii-dakamizaanaawaa, mii iw zhiiwaagamizigan da-ozhitoowaad. Mii ayiigwa enendamowaad nimaamaa ko ogii-ayaan iw abwiins, akawe imaa gidaabiiginang iw abwiins gaa-izhinaagwadinig, miish imaa ko egondandang da-giizhidenig. Anooj ko imaa oninjiing, gagiipininjii. Bikwakwadoonsing ko gii-izhinaagwadoon, miish gaa-izhi-agwaashimaawaad besho iniw okaadakikoon imaa mitakamig

46

gii-asaawaad, ginwenzh igo ogii-waninawe'aanaawaa. Miish ko imaa iniw ziiga'igaansan gii-ozhitoowaad.

Akawe gaye indaa-ikid, indede ingii-igonaan nimaamaa go gaye gii-goonikaa ko gii-ozhitoowaad iw zhiiwaagamizigan, "Baa-nandawaabamik iwidi goon baanizid." Miish imaa biidooyaang gii-siiginamowaad bangii i'iw zhiiwaagamizigan gaa-ni-izhinaagwak. O-waninawe'amowaad, miish imaa bangii bapakwebidoowaad, "Mii ko iw ziinzibaakwadoons," gaa-ikidowaad. Bigiwizigan ogii-izhinikaadaanaawaa, mii sa ko imaa ko *candy* gii-miijiyaang, bangii bapakwebidooyaang. Miinawaa ziiga'iganan gemaa ogii-ozhitoonaawaa. Miinawaa go nawaj igo gii-waninawe'amowaad, miish imaa abwiins gaa-aabajitoowaad. Ayiigwa zhiiwaagamizigan naa ziinzibaakwad gii-ozhitoowaad gaye nase'igan. Niibowa ko ogii-kanawendaanaawaa i'iw, owii-ozhitoonaawaa miish ko gabe-niibin ko gaa-miijiyaang ziiga'igaansan miinawaa ziinzibaakwad, Anishinaabe-ziinzibaakwad.

Mii eta minik ezhi-gikendamaan wii-ikidoyaambaan ziigwang. Maazhaa ge mii iwapii ko gii-paa-nandawaabandamowaad miinan miinawaa ode'iminan, odatagaagominag, mii go ge iwapii nimaamaa gaa-o-nandawaabandang mashkiki gii-ozhitood. Nigezikwendaan aabiding gaa-izhiwebadogwen iw nizid iwidi dabazhish gaawiin gii-kiigemagasinoon, wegodogwen dinowa gaa-mamoogwen mashkiki iwidi megwekob. Akawe ko ge ingii-waabamaa zhaashaagwandang, miish imaa gaa-izhi-atood. Gaawiin ginwenzh dash gii-kiigemagak iw nizid. Gaawiin ge mashkikiiwinini ingii-izhiwinigoosin, gaawiin sa go imaa mashkikiiwinini mashi gii-ayaasiin besho. Mii sa iw ganabaj ezhi-gikendamaan ziigwang. ●

19 Ishkigamizigewin

Gaa-tibaajimod **SHIRLEY BOYD**

Gaa-tibaajimotawaajin **MICHELLE GOOSE**

Gigizhebaawagak ingii-naadoobiimin jibwaa-maajaayaang gikinoo'amaadiiwigamigong gaa-izhi-gikinoo'amaagooyaang. Bi-azhegiiweyaang, mii miinawaa gakina gegoo gaa-izhichigeyaang gaa-naadoobiiyaang. Gakina awiya gii-wiidookaazowag, Howard, Fred, Jimmy, Delores, Evelynn, Rosalie, ge niin. Gii-manisewag.

Ingii-pimosemin ji-ozhitooyaang miikanens. Owiikobinaan odaabaanensan. Nimaamaa miinawaa indede gii-ishkigamizigewag gabe-giizhig. Gaa-ishkwaa-ishkigamizigewaad, gii-chiibaakwe miinawaa gii-ashangewaad miinawaa asemaa gii-asaawaad. Aanawi go jibwaa-izhichigewaad gii-asemaakewaad.

Mii gaa-izhi-gikendamaan. Aaningodinong ingii-piinaa indede ji-bi-nanaamadabid ji-ni-wiindamaagooyaang ge-izhichigeyaang ishkigamizigeyaang. Chi-emikwaan ingii-ozhitamaag indede ji-aabajitooyaan ozhitooyaan ziinzibaakwad. Miish gaa-pi-izhichigeyaang ge niinawind. Ingozis azhigwa gaye wiin ezhichiged. Nanaamadabiwaad iko ge wiinawaa izhichigewaad miijiwaad zhiiwaagamizigan. ●

49

20 Gaa-izhichigeyang iko Iskigamizigeyang

Gaa-tibaajimod **JAMES MITCHELL**

Gaa-tibaajimotawaajin **JOHN BENJAMIN**

Mii sa miinawaa wii-niibing maamiginamaang akina gegoo ge-aabajitooyang da-iskigamizigeyaang. Akikoog, okaadakik, biiwaabikoonsan, biiminigan, ozhiga'igan, waagaakwad, naseyaawangwaan, giishkiboojigan.

Mii azhigwa ozhiga'igeyaang da-baabiitooyaang ziinzibaakwadaaboo da-maajigaamagak. Mii waabang bi-azhegiiweyaang, pesh naa debisemagak da-jiibaakwaadamaang. "Ambe naadoobiig da-gikendamang minik eyaamang!"

"Wayaahay! Naanimidana daso-minikwaajigan," mii sa gabe-giizhik da-dazhitaayaang da-jiibaakwaadamaang ziinzibaakwadaaboo. "Ambe maajinaazha' akina da-manisewaad. Wiindamaw akina weweni da-dazhitaawaad aabajitoowaad waagaakwad naa medwebizod. Mii azhigwa gizhidemagak giziinzibaakwadaaboo. Giwii-ozhitoon ina ziinzibaakwad?"

"Enya'!" "Ambe naadin naseyaawangwaan. Gego wanendangen chi-emikwaan. Niibowa giga-ozhitoomin ziiga'iganan. Miigwech akina biindaakoojigeyeg gii-maajitaayang." ●

51

21 Noojigiigoonyiweng

Gaa-tibaajimod **SUSAN SHINGOBE**

Gaa-tibaajimotawaajin **MICHAEL SULLIVAN SR.**

Miish ayi'ii ezhichigeng ko gii-siigwang. Indadazhindaan i'iw noojigiigoonyiweng. Gaye niin ko ingii-wiidookawaa a'aw ninoshenh iniw nimaamaa oshiimeyan, gii-paa-bagida'waayaang, asab naa jiimaan ingii-aabajitoomin. Niibowa sa go ingii-tebibinaanaanig ingiw giigoonyag, ogaawag, ginoozhe, anooj sa go imaa asabiing gii-agokewag ingiw giigoonyag, asaawensag igaye. Gaawiin ganabaj wiin ko ingii-tebibinaasiwaanaanig aya'aa mizayag.

Aabiding ingii-o-asaanaan asab mii aw ko apane gaa-wiidookawag. Chi-mamaangaashkaag, mii gaa-izhi-gotaajiyaan wii-pooziyaang imaa jiimaaning ayiigwa nidede bi-dagoshin. Gomaapii go imaa iidog ingii-o-asaanaan aw asab chi-mamaangaashkaanig, mii wiin gaa-izhi-naanaad. Chi-gosangid da-gwanabishkaad, mii sa go gii-naadawiyangid iniw asabiin.

Miinawaa ko iniw niibinishiiwigamigoon gii-maajiishkaamagak, mii ko ge imaa gii-pooziyaang chi-jiimaaning, gii-paa-wewebanaabiiyaang, migiskanan ingii-aabajitoomin. Mii nabaj eta go niizhing gii-pooziyaan niin igo chi-jiimaaning. Onzaam anooj gii-izhiwebad imaa waasa iwidi ingii-pizoni'igoomin. Mii gaa-izhi-biigoshkaag iw chi-jiimaan, mii eta go imaa iw sa go amanj gaa-izhiwebadogwen iw chi-jiimaan iwapii, gii-paa-wiiji'iweyaan ingii-paa-wewebanaabii iwidi waasa go imaa ingii-izhaamin imaa gaa-onji-maajiinigooyaang da-o-wewebanaabiiyaang. Miish a'aw gaa-odaabii'ang iw chi-jiimaan ogii-noogishkaa'aan

imaa aanind wayewebanaabiijig da-wiidookawiyangid da-o-
wiindamawaad iniw imaa gaa-tibendang iw chi-jiimaan, miish aw
gaa-pi-wiidookawiyangid, ogii-wiikobidoon iw chi-jiimaan. Ogii-
wiikobidoon iwidi gaa-onji-booziyaang.

Miinawaa aabiding ingii-paa-wiiji'iwemin, niibowa go
ingiw Anishinaabeg, chi-mamaangaashkaag, mii ko imaa
mamaangaashkaag gaa-izhi-boozibideg iw nibi imaa biinji-chi-
jiimaaning. Miish iw gaa-izhi-gotaajiyaan. Mii gaawiin geyaabi, meta
niizhing gikendamaan gii-paa-wewebanaabiiyaan gii-wiiji'iweyaan.
Onzaam ingii-kotaaj miinawaa da-baa-wewebanaabiiyaan imaa
chi-jiimaaning. Gaawiin wiikaa miinawaa ingii-poozisiin imaa,
ingii-kotaaj. ●

22 Mawinzo

Gaa-tibaajimod **BETTE SAM**

Gaa-tibaajimotawaajin **MONIQUE PAULSON**

Mashkosiinsan jibwaa-baateg biindigebatooyaang imaa odaabaaning, "Wewiib bi-boozig, giwii-maajaamin. Miinan giwii-paa-mawinzomin." Naanibaayaweyaan giikiibingwashiyaan baamaa da-dagoshinaang. Nagaashkaad aw odaabaan maagizhaa imaa da-ayaawan iniw miinan.

"Wewiib, boozig!" Gwiiwizensag apane gaa-nandawaabandamowaad iniw miinan. Mikamowaad, mii iw apii akikoonsan gii-miinigooyaang. "Baamaa mooshkined aw akikoons mii apii ge-anwebiyeg."

Aaningodinong gii-pagandiziwag abinoojiinyag. Gaawiin gii-minwendanziiwag wiindamawindwaa ji-maajitaawaad. "Gego miijiken iniw miinan giga-gidaan."

Bakwezhigan apanjigeyaang iw bimide naa aniibiish eta go gaa-ashamigooshaang. Gaawiin wiikaa ingii-mindawesiimin. "Gaawiin ge gidaa-anwebisiin baamaa mooshkina'amawiyeg gimakakoonsimiwaa. Mii iw apii ge-anwebiyan."

Gizhaatemagad, mii iw apii miinawaa ji-maajiibizoyaang baa-nandawaabanjigeyaang. Baamaa mooshkinadooyaang makakoonsan eyaamaang, mii apii gii-ni-gaagiiweyaang.

Indaangoshens dibishkoo go gawaabaagwed waabamaad iniw bizhikiwan babaa-ayaanid. Baa-biibaagimaad, "Doodooshaaboo

54

niwii-ayaan!" Mii go ezhi-biibaagid, "DOODOOSH!" Baapiyaang akina. "Gaawiin gidaa-minikwesiin i'iw bizhiki-doodooshaaboo."

Booch igo akawe ji-adaawaageyaang miinan, ji-adaawewaad i'iw wiisiniwin nimaamaa naa oshiimeyan. Mii apane gaa-pi-izhiwebak mewinzha miinan gii-mawinzoyaang. ●

23 Manoominikeng

Gaa-tibaajimod SUSAN SHINGOBE

Gaa-tibaajimotawaajin
JOHN BENJAMIN & MICHAEL SULLIVAN SR.

Ezhi-gikendamaan indadibaajim gaa-pi-izhinaajigeyaang nigitiziimag, ayiigwa ojijiseg da-manoominikeng. Ozhiitaawaad oodi jiigi-zaaga'iganing iw gabeshiyaang. Wiigiwaaman ko imaa giitaawag Anishinaabeg. Indede ko ogii-kanawendaan iw zaaga'igan. Gaawiin ko gii-pagidinaasiin aw Chi-mookomaan da-manoominiked imaa zaaga'iganing, da-mamood iw manoomin imaa zaaga'iganing gaa-kanawendang indede. Gaawiin imaa niibowa jiimaanan gii-pagidinigaadesinoon.

Maazhaa, maazhaa ishwaaswi, maazhaa midaaswi iniw jiimaanan imaa gaa-pagidinigaadegwen zaaga'iganing gii-tazhi-manoominikewaad Anishinaabeg. Indede ko ogii-kanawendaan iw zaaga'igan. Akawe ko boozid jiimaaning da-baa-waabandang da-giizhigininig iw manoomin.

Endaso-gigizheb ko ogii-paa-waabandaan, mii giizhigininig, mii wiindamawaad iniw Anishinaaben imaa ge-bi-biindigenijin ayiigwa da-o-manoominikenid. Miish ko ingii-waabamaag nigitiziimag ozhiitaawaad ge-baa-inaabajichigewaad oodi wii-paa-manoominikewaad.

Bawa'iganaakoon ogii-o-maajiinaawaan, gaandakii'iganaak, abwi miinawaa nimaamaa ozhisidood onawapwaaniwaa da-nawajiiwaad iwidi gabe-giizhig ko gii-paa-ayaawag baa-bawa'amowaad. Mii ayiigwa inendamowaad debisewendamowaad

57

minik bebaa-bawa'amowaad manoomin, mii bi-agwaa'owaad.
Nimaamaa ko nitam ko gii-pi-dagoshin iwidi gii-taayaang. Gaa-
izhinaazhikawiyangid o-wiidookawangid indede da-mooshkinadood
iniw mashkimodan imaa manoomin minik gaa-o-gashkitoowaad,
mashkimodaang atood.

Miinawaa gaa-kiizhitood iw, gii-atood imaa mashkimodaang
megwaa naanaajinigaadang. Chi-mazina'igan ko imaa ogii-
tazhwegisidoonaawaa miinawaa da-baatenig iw manoomin minik
gaa-o-gashkitoowaad. Baatenig, mii go miinawaa ozhishimaad
iniw okaadakikoon indede wii-kidasigewaad. Nimaamaa ge
nooshkaatood i'iw manoomin. Gaa-kiizhitoowaad i'iw manoomin
gaa-takisininig indede miinawaa mimigoshkam, nimaamaa
miinawaa nooshkaachiged. Gaa-kiizhitoowaad manoomin
nimaamaa miinawaa jiibaakwaadang wii-sagaswe'iwewaad minik
oshki-manoomin gaa-kashkitoowaad.

Mii miinawaa gaa-izhi-naazikaagooyaang da-baa-
wiindamawangidwaa ingiw Anishinaabeg waa-biindigejig da-baa-
zagaswe'iweyaang. Miinawaa indede gii-tazhindang iw manoomin
memiigwechiwitaagozid oshki-manoomin gaa-ozhitoowaad. Mii go
miijiwaad iw manoomin gomaa minik gaa-paa-nandomindwaa.
Mii iw. ●

24 Apane Aanjigoziyaang

Gaa-tibaajimod **JAMES MITCHELL**

Gaa-tibaajimotawaajin **JOHN BENJAMIN**

Mii dash azhigwa wiindamaagooyaan da-dazhiikamaan bawa'iganaakoon naa gaandakii'iganaak, akina gegoo da-aabajitooyaang da-manoominikeyaang. Mii gaye iishpin jiimaan gegoo maanaadak, mii sa ezhi-anokaadamaan omaa bagoneyaag. Ezhi-nanaa'itooyaang aabajitooyaang bigiw da-onjigaamagasinok.

Mii azhigwa baabiitooyaang da-maajii-manoominikeng. Mii gaye akeyaa gaa-gashki'aawaad zhooniyaan

manoominikewaad. Niibowa abinoojiinyag gii-nitaa-
manoominikewag, gii-paa-gaandakii'igewaad gabe-giizhig. Mii go
biidaabang gii-maajii-manoominikewaad agwaabiiwaad naawakweg,
azhigwa wiisiniwaad, anwebiwaad. Maazhaa gaye niizho-diba'iganek
azhigwa miinawaa ani-maajitaawaad manoominikewaad.

Mii go azhigwa onaagoshig agwaabiiwaad, mii azhigwa
maawanji'idiwaad da-dazhiikamowaad i'iw manoomin. Mii azhigwa
biinitoowaad. Ishkwaa-biinitoowaad, azhigwa gidasigewaad omaa
agwajiing dazhiikamowaad. Mii ishkwaa-gidasigewaad azhigwa da-
nooshkaachigewaad.

Aanind ogii-izhitoonaawaa da-debisewaad gabe-biboon. Mii
dash azhigwa adaawaagewaad omanoominiwaa da-debisewaad
zhooniyaan ge-adaawewaad bibooninig ge-aabajitoowaad
abinoojiinyag obiizikiiginiwaan. ●

25 Giiyosewaad

Gaa-tibaajimod **SHIRLEY BOYD**

Gaa-tibaajimotawaajin **MICHELLE GOOSE**

Ingozis gii-pi-oshki-ininiiwid, odedeyan ogii-pabaa-maajiinigoon babaa-giiyosewaad waawaashkeshiwan gii-nooji'aawaad. Baanimaa go apii ogii-nisaan bezhig waawaashkeshiwan. Ogii-piini'aawaan idash gii-ashangewaad. Miinawaa odedeyan gii-wiindamaagod sa go ji-miigiwed waawaashkeshiwi-wiiyaas. Gii-sazaagizi dash. Gaawiin odaano-wii-miigiwesiin wiin igo odaano-wii-miijin i'iw. Ogii-miinaan dash omishoomisan. Nitaa-giiyose. Akiwenziiyens sa go azhigwa geyaabi go baa-giiyose. ●

61

26 Gii-manoominikeng

Gaa-tibaajimod **SUSAN SHINGOBE**

Gaa-tibaajimotawaajin **MICHAEL SULLIVAN SR.**

Ayiigwa dagwaagig, mii go apii nigitiziimag gaa-ozhiitaawaad manoominikewaad, izhigoziwaad iwidi ayi'ii jiigi-zaaga'iganing. Ninga-wiindaanan iniw gaa-aabadakin manoominikeng: jiimaan, bawa'iganaakoog, gaandakii'iganaak, abwi ko ogii-maajiidoonaawaa. Gigikendaan ina awegonen iw abwi? Gii-shiishiiga'ibiiyaag ko aanind iniw zaaga'iganan, mii iw gaa-onji-maajiidoowaad i'iw abwi.

Mii debisewendamowaad minik gaa-kashkitoowaad iw manoomin, mii bi-agwaa'owaad, maamooshkinadoowaad

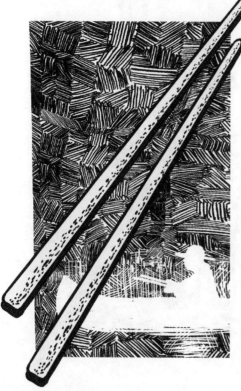

iniw mashkimodan nidede naanaajinigaadang bi-atood imaa chi-bagiwayaaniigining. Mii go imaa gii-pi-ziiginamowaad, da-baasamowaad, gegaa gaa-inendamowaad da-baatenig, mii go izhishimaawaad iniw okaadakikoon. Akawe ko chi-asiniin indede ogii-paa-nandawaabamaan niswi wii-onji-gidasiged. Miish imaa gii-moonikaadang imaa wagidakamig, bangii imaa gii-moonikaadang, miish imaa gii-asaad iniw chi-asiniin, miish imaa okaadakikoon imaa gii-asaad.

Naa mii go gii-poodawed, iwapii gaa-inendang inendang
gizhaabikizonid okaadakikoon, mii go gidasigewaad. Nimaamaa
ko gii-ikido i'iw ayiigwa ani-giizhideg iw apii gii-agwaabii'amowaad,
waawaabishkiseg imaa bangii. Mii iwapii gaa-agwaabii'amowaad
iw manoomin imaa okaadakikong. Nimaamaa nooshkaachiged
akawe, giizhidenig o-ziiginang, baaniigadinig gaa-ozhisidood
imaa mitakamig. Mii miinawaa ayiigwa gaa-kiizisamowaad i'iw
gaa-kidasigewaad, gakina iw manoomin gaa-kashkitoowaad, mii
miinawaa indede ozhishimaad, mii gemaa gii-moonikaadang
bangii wagidakamig gii-asaad mimigoshkamoowakikoon. Amanj
ko gaa-onaakonamogwen iniw mitigoon imaa gii-minjimaakwiid
mimigoshkang, mii miinawaa nimaamaa nooshkaachiged. Mii
sa iw minik imaa ezhi-gikendamaan gaa-izhichigewaad gii-
manoominikewaad. ●

27 Manoominikeng Miinawaa Nandawishibeng

Gaa-tibaajimod **SHIRLEY BOYD**

Gaa-tibaajimotawaajin **CHATO GONZALEZ**

Mii iko iwidi Baagwaa-zaaga'iganiing gii-manoominikewaad ingiw Anishinaabeg. Ogii-ozhitoonaawaan iniw waaginogaanan. Ogii-aabajitoonaawaan iniw waaginogaanan ji-asanjigowaad i'iw ashki-manoomin.

Ginwenzh gii-ayaawag imaa ji-manoominikewaad. Megwaa bawa'aminid omaamaayiwaan ogii-wiidookaagoon odedeyiwaan gii-kaandakii'igenid. Naa-sh aanind gwiiwizensag gii-manoominikewag.

Gii-kidasigewag imaa gaa-tazhi-manoominikeng. Nitam gaa-mamoowaad manoomin, gii-kiizhiikamowaad, asemaan gii-pagidinaawaad miigwechiwi'aawaad iniw manidoon. Gaa-kidasigewaad gakina, gii-asanjigowag imaa mashkimodaang ji-giiwewidoowaad. Mii imaa endaawaad gaa-kiizhiikamowaad i'iw manoomin.

Gaa-kiizhi-manoominikewaad, aanind gii-kiiwewag. Miish odedeyiwaan omaamaayiwaan gii-ishkwiiwaad ji-nandawishibewaad. Niibowa zhiishiiban ogii-kiiwewinaawaan. Mii iniw omaamaayiwaan gii-chiibaakwenid imaa ishkodeng. Megwaa gii-chiibaakwaanaad iniw zhiishiiban, gii-pakwezhiganike. Ogii-saasakokwaanaan bakwezhiganan. Akawe ishpiming ishkodeng gii-saasakokwe, mii imaa gii-niibawi'aad bakwezhiganan jiigishkodeng ji-giiziswaad.

Megwaa biibooninig ogii-ayaanaawaa manoomin ji-miijiwaad.

Gaawiin wiikaa gii-manezisiiwag. Ogii-aabajitoonaawaa wii-
sagaswe'idiwaad gaye. Naa-sh gaye gii-izhaawaad imaa niimi'iding
gii-aabajitoowaad ji-jiibaakwewaad, ji-maamiigiwewaad
wiizhaangewaad, naa gaye gii-aabajitoowaad bagijigewaad.

Bezhig a'aw inini baa-anokiid baa-maamiinaad gichi-aya'aan
i'iw manoomin miinawaa mazaan. Niibowa ingiw chi-aya'aag
ogii-minwendaanaawaa i'iw mazaan. Mii i'iw mesawendamowaad
ingiw chi-aya'aag. Gaawiin wiikaa gii-adaawaagesiiwag manoomin
Anishinaabeg mewinzha. ●

28 Ishkwaaj Gii-paa-manoominikeyaang

Gaa-tibaajimod **SUSAN SHINGOBE**

Gaa-tibaajimotawaajin **MICHAEL SULLIVAN SR.**

Mii go mewinzha gaa-wiidookawag nidaanis, Biidwewekwe izhinikaazo. Megwaa gii-o-bawa'amaang iwidi Baagwaa-manoominkaaning, mii ganabaj ezhinikaadeg *Dean Lake*. Megwaa gii-maada'oyaang, wii-paa-bawa'amaang, amanj gaa-izhichigegwen gaa-izhi-boozibizod imaa agamiing. Gaawiin igo aanawi ingii-kwanabishkaagosiin, amanj gaa-izhi-gashkitoogwen gii-azhe-boozid imaa jiimaaning.

Mii sa gii-paa-bawa'amaang aabita-giizhik. Mii miinawaa gaa-agwaa'oyaang, mii miinawaa gaa-izhi-bwaanawi'oyaang, ginooshewidaabaan. Mii go iniw gaa-odaabii'aajin. Ayiigwa wii-paa-aabaabika'waad iniw ochi-odaabaanan, mii gaawiin ogii-izhi-mikanziinan iniw ogashkaabika'iganan.

Mii ge gii-aadaakoshinaang imaa ajinens. Amanj akeyaa gaa-izhichigegwen gaandakii'iganaak ogii-aabajitoon gii-naajigwaadang iniw gashkaabika'iganan. Mii miinawaa ayiigwa bi-giiwebizoyaang, oodi akeyaa Bepashkojiishkiwagaag *Aitkin*. Ayaabita imaa baa-ayaayaang, mii miinawaa gaa-izhi-gidaasidooyaang iw jiimaan. Chi-nishkaadizid aw ikido a'aw Chi-mookomaanikwe iw jiimaan gii-pisikang, jiimaan gii-kidaasidooyaang ogii-pizikaan ge iniw odaabaanan aw Chi-mookomaanikwe. Gaa-izhi-inag Biidwewekwe da-o-waabamaad ingoji ezhisininig iw jiimaan. Mii gaawiin ingoji ogii-mikanziin. Gaye niin ingii-o-nandawaabamaa a'aw odaabaan. Mii gaawiin gegoo, da-baazagoshkang igo gaye. Nising sa go ingii-izhiwebizimin. Miish ishkwaaj gii-paa-bawa'amaang. Mii ganabaj ishkwaaj gii-paa-manoominikeyaang. ●

67

29 Gaa-izhichigeyaang
iko Jibwaa-biboong

Gaa-tibaajimod **JAMES MITCHELL**

Gaa-tibaajimotawaajin **JOHN BENJAMIN**

Mii sa go agoziwaad miinawaa azhegiiwewaad endaawaad. Mii miinawaa endazhiikamowaad ogitigaaniwaan maamiginamowaad gaa-gitigaadamowaad. Anooj igo gegoo okaadaakoonsan, opiniig, mandaamin, anijiiminan, chi-aniibiishan, gichi-oginiig, mashkodesiminag, bipakoombens. Ishkwaa-maamiginigewaad, mii azhigwa dazhitaad gibaakobidood gaa-gitigaadang. Mii sa baabiitooyaang da-biboong.

Mii azhigwa gii-piboonagak. Mii sa omaa da-ni-na'itooyaang akina gegoo gaa-pookonamaang da-dazhitaawaad nanaa'itoowaad. Mii go gabe-biboon akina gegoo ezhi-nanaa'itooyaang naa misan apane naadiniseyaang. ●

30 Gaa-pi-izhitwaawaad Mewinzha Nigitiziimag Bibooninig

Gaa-tibaajimod **SUSAN SHINGOBE**

Gaa-tibaajimotawaajin **MICHAEL SULLIVAN SR.**

Gaa-paa-izhi-waabamagwaa ko gaa-izhichigewaad nigitiziimag bibooninig. Nitam akawe ingii-waabamaag apane gii-paa-manisewaad, mitigoon gii-kiishkada'waawaad, gaa-taashka'amowaad, naajiwidoowaad imaa endaayaang. Mii eta go apane gaa-aabajitoowaajin misan gaa-onji-abizowaad. Jiibaakweng igo gaye, misan eta go gaa-aabadakin.

Miinawaa gaa-mashkawading i'iw zaaga'igan, gaa-mashkawading, baa-dwaa'ibiiwaad, gaawiin go apane anit maajiidood nindede, mii ko akeyaa gaa-aabajitood gii-kiigoonyiked.

Nimaamaa miinawaa iniw oshiimeyan ge aabiding ingii-o-ganawaabamaag, ziibaaskobijigewaad gaa-pi-waabamagwaa-sh ezhichigewaad, asabiin gii-aabaji'aawaad gaa-mashkawading iw zaaga'igan. Amanj ko akeyaa gaa-izhichigewaagwen asabiin gii-aabaji'aawaad, ingikendaan sa wiin igo ayaapii gii-ni-dwaa'ibiiwaad. Mii imaa gaa-onji-asind asab. Maazhaa gaa-ni-dwaa'ibiiwaagwen ayaapii.

Miish ko gii-kiizhishimaawaad minik gaa-inaabiigizid a'aw mikwam. Mitig iwidi gaa-onji-maajitaawaad ogii-atoonaawaa, miinawaa oodi gaa-kiizhi-asaawaad imaa anaamibiig iniw asabiin. Ingii-wiijiiwaa ge aabiding gii-naadasabiiwaad. Mii iwidi gaa-onji-maajii-asind a'aw asab, mii iwidi gii-wiikobinaawaad, ogii-

70

tebibinaawaan sa go iniw giigoonyan, anooj igo iniw giigoonyan, ogaawan, ginoozhen, miinawaa go aaningodinong ko ayaapii eta go imaa bangii gii-ani-agoojinoog giigoonyag asabiing. Mizayan ge ko ogii-tebinaawaan.

Mii tagiizh geget mikwendamaan ko nindede aadizooked. Mii ko imaa michisag gii-igooyaan, da-zhingishinaan da-o-bizindawangid nindede gaagiigidod, aadizooked. Mii ayiigwa ani-minwaajimod. "Mii sa naa i'iw, o-nibaag! Baamaa inga-giizhaajim waabang dibikak, ayiigwa ishpi-dibikad."

Gii-paa-agoodoo ko nindede, gii-nagwaanaad ko waaboozoon. Mii go gaye gaa-izhi-nagwaanaad iniw waawaashkeshiwan, miinawaa ko zhaangweshiwan gii-tasoonaad. Gii-adaawaage wiin ko iniw. Gaawiin wiikaa ingii-amwaasiwaanaan a'aw zhaangweshi. Ogii-tasoonaan ko ge iniw wazhashkwan, mii ko gaye gaa-adaawaagejin.

Jiishaakwa'waawaad waawaashkeshiwayaanan, ingii-waabamaag ko nimaamaa naa mindimooyenyag gaa-izhichigewaad ko gii-chiishaakwa'waawaad iniw waawaashkeshiwayaanan.

Mii imaa gii-takobidoowaad imaa mitigong, mii imaa gii-takobinaawaad. Mii go ge imaa gii-chiishaakwa'waawaad, mii miinawaa gii-poodawewaad imaa chi-akikong, dago-bajiishka'ogaanens imaa gii-pakwenenig iniw mitigoon, mii imaa gii-paaswaawaad iniw waawaashkeshiwayaanan. Gii-maazhimaagozi ko waawaashkeshiwayaan dazhiikawind. Ayiigwa gaa-panzond, ani-chi-minomaagwak iniw waawaashkeshiwayaaniiginoon.

Ogii-ozaawaakizwaawaan iniw waawaashkeshiwayaanan. Miinawaa gii-chi-nookiigizid, mii imaa gii-ozhitoowaad iniw makizinan. Anooj igo ogii-inaabaji'aawaan iniw waawaashkeshiwayaanan. Gaawiin wiikaa ninoondanziin ingikendanziin da-gii-adaawaagewaad, eta go akina gegoo imaa gii-ozhitoowaad.

Bashkwegino-makizinan, miinawaa gibide'ebizon mazinigwaadamowaad igaye. Mii wiin ko nimaamaa gaa-izhichiged bibooninig. Akina ko gegoo ingii-miijimin ge indede gaa-paa-agoodood, waabooz, waawaashkeshi. Gaawiin wiikaa wiin ingii-amwaasiwaanaan zhigaag miinawaa zhaangweshi. Miish eta gekendamaan ge-ikidoyaambaan. ●

31 Gaa-izhichigeyaang iko Biboong

Gaa-tibaajimod **LORENA *PANJI* GAHBOW**

Gaa-tibaajimotawaajin **CHARLIE SMITH**

Mewinzha ko apane gii-chi-anokiiwag Anishinaabeg chi-aya'aag. Biblooninig apane gii-gisinaa, mii go booch gii-kiziibiiga'iged agoodood agwajiing. Ogii-agoodoon biizikiiginan waabooyaanan agwajiing. Akina gegoo gii-kiziibiiga'ige. Gii-piindigadood akina gegoo, ogii-agoodoon biinjayi'ii. Biindig ogii-agoodoon nidede agoojiganeyaab zaam gii-gashkadininiwan obiizikiiginiwaan. Mii dash gaa-izhi-ningidenig. Gii-poodawe ji-ningideg biizikiiginan. Ogii-atoonaawaa ko nibi ogijayi'ii gizhaabikizigan ji-ondeg.

Aaningodining ogii-asaawaan giizhikaandagoon ogijayi'ii gizhaabikizigan ji-abaabasowaad. Aaningodining gii-onzo giizhikaandag ji-minikwewaad miinawaa ji-giziibiigiiwaad. Gii-maazhi-ayaawaad iko, gii-aabajichigaade wiisagendamowaad maazhaa onikiwaan, oninjiiwaan, okaadiwaan, ozidaawaan, dewikwewaad igaye. Gii-gisinaa ko biboong nidede gii-aadizooke apane gii-tibikadinig. Gaawiin wiikaa nimikwenimaasiin ji-aadizooked giizhigak. Gii-nitaa-aadizooke. Gaawiin wiikaa ingii-noondanziin ko apane go gaa-izhi-nibaayaan jibwaa-giizhiitaad. Gaawiin ingii-ayaanziimin mazinaatesijigan miinawaa giigidoo-makak. Gii-oshkiniigikwewiyaan, mii wapii gaa-ayaamaang waasamowin.

Iwapii gii-taayaan oowidi Onigamiinsing, mii dash bezhig aw mindimooyenh gii-pi-izhaad ji-aadizooked. Gii-nitaawichige aw mindimooyenh, gii-nitaayaajimo. Gii-aadizooke, ingii-wiisinimin gii-ishkwaa-aadizooked. Jibwaa-aadizooked, ingii-miinaa asemaa miinawaa gegoo ji-miijiyaang. Gaawiin nimikwendanziin gegoo ingii-miinaasiin indede ji-aadizooked. Maazhaa ge ogii-miinaan asemaan. Meta go aw aadizooked, gaawiin nimikwendanziin ji-wiisiniyaang. Maazha ge gii-wiisiniwag gii-nibaayaan. Meta go iw. ●

32 Baa-agoodood

Gaa-tibaajimod **RALPH PEWAUSH**

Gaa-tibaajimotawaajin **JOHN DANIEL**

Ow ko aw akiwenzii indedeyiban gii-izhid ko, "Zaagajiw, baa-agoodoon." Miish eta go gaa-ikidod iw. Ingii-gikendaan yo'ow apane gii-pi-ikidod akeyaa, "Baa-agoodoon." Miish igo gii-paa-agoodoowaan ko ingig waaboozoog ayaawaad imaa ayi'iing sa go waabashkikiing indaa-ikid. Dibi sa go da-ozhitoowaad inin omiikanensiwaan ingig waaboozoog.

Miish ko imaa ebid jiigayi'ii go imaa mitigong ombigwaashkwaniwaad, mii imaa atooyan i'iw, i'iw sa go nagwaagan. Mii imaa debinadwaag ongow waaboozoog. Gaawiin go aapiji daa-michaasinoon. Ingoji go enigokwaandibed aw waabooz sa go da-nagwaazod sa go imaa ogondashkwaang. Aaningodinong ko onzaam aanind omichaatoonaawaa iw sa imaa agoodoowaad. Mii go ge-izhi-zhaabogwaashkwanid aw waabooz, gaawiin gidaa-debinaasiin.

Booch weweni da-inigokwaag ow sa go ge-izhi-gikendaman ge-inigokwaag ow nagwaagan. Mii ko ingiw Anishinaabeg gaa-pi-izhichigewaad. Mii niin ko akeyaa indedeyiban ingii-gikinaa'amaag sa go ko da-baa-agoodoowaan sa go gii-gikinaa'amawid ge-izhichigeyaan.

Mii sa go ge niin go wiidookaazoyaan sa go endaayaang ge niinawind wiidookaazoyaan ashangeyaan, wiisiniyaan. Mii akeyaa gaa-izhiwebizid aw Anishinaabe mewinzha. Mii go gegoo ko gii-kashkitood o'ow gaa-pi-onji-wiisinid akeyaa Anishinaabe waaboozoon, waawaashkeshiwan, ajidamoon, binewag, giigoonyag,

75

akina gegoo o'ow gii-pi-gikendang akeyaa gaa-ayizhichiged aw Anishinaabe.

Ke ge aw wiiyaas ko ge ow baasang sa go. Nawaj gonenzh da-aabadak da-banaadasinok sa go. Mii akeyaa gaa-pi-izhichiged ko aw Anishinaabe mewinzha gii-nitaawichiged o'ow isa gonenzh igo da-ayaamagadinig owiiyaasim. Gaawiin go gonenzh igo. Gomaa sa go minik.

Akina gegoo ogii-gikendaan aw Anishinaabe ge-ani-onji-bimaadizid sa go da-gashkitood gegoo o'ow bi-onji-wiisinid. Gii-miinigoowizid akina gegoo aw Anishinaabe ge-ni-aabajitood sa ge-onji-bimaadizid. Nawaj igo gii-onizhishin ow sa akeyaa gii-nitaawichiged akeyaa sa ge-bi-onji-wiisinid akina gegoo gashkitood igo gaa-pi-inendaagozid aw Anishinaabe da-bi-maamiijid o'ow gaa-miinind sa go mewinzha owiiyaas, akina gegoo.

Ke-sh wiin noongom, mii azhigwa ani-gashkitoowaad ongow Anishinaabeg akina gegoo sa go da-ni-aabajitood miinigoowizid o'ow gaa-pi-onji-miinigoowizid mewinzha Anishinaabe da-ni-aabajitood sa ge-onji-wiisinid. Ogii-gikendaanaawaa wiinawaa ow akeyaa ge-bi-izhi-wiisiniwaad, gashkitoowaad ongow Anishinaabeg.

Ke, akwa'waawaad ge ani-ziigwang, naa-sh ge gii-inind, omaa Misi-zaaga'iganing ongow mizayag ezhinikaazojig, odaabaji'aawaan ge Anishinaabeg, minopogozi a'aw, a'aw sa mizay ezhinikaazod. Minopogozi geget a'aw. Mii gaye apii ko o'ow geshkading o'ow chi-gisinaanig o'ow, Manidoo-giizis gegaa go ishkwaabizod, chi-gisinaamagak, mii iwapii eyaawaad ingig mizayag. Mii ko gaa-izhichigeyaang ko mewinzha imaa Misi-zaaga'iganing gii-taayaang akwa'waayaang sa go, bazhiba'wangidwaa ingiw mizayag. Geget minopogoziwag ingig. Azhigwa sa eyaawaad Anishinaabeg, gaawiin ogikendanziinaawaa. Maagizhaa ezhinaagozid gaawiin, odaa-wawiinenimaawaan indaa-ikid. Mii sa wiin aw menopogozid.

Mii sa inin ko gaa-onji-andawaabamaawaad bibooninig. Geget minopogozi a'aw.

Ke ge ziigwang ge, azhigwa apii ayaawaad ongow giigoonyag jiigibiig, iw sa go bagidinamowaad iniw giigoozensan da-ayaawaawaad. Mii gaye ingiw namebinag, baataniinowaad ge wiinawaa minopogoziwag, namebin ziigwang, baataniinowaad. Jiigibiig o'ow asiniig abiwaad, mii imaa bagidinaawaad inin waawanoonsan sa odayaawaawaan ongow giigoozensag, namebinag. Akina gegoo ayaamagad apii.

Gaawiin wiikaa, chi-wewiikaa go gii-aakozisiiwag o'ow gii-pi-wiisiniwaad akeyaa gaa-pi-izhi-ashamindwaag ashamigoowiziwaad ongow Anishinaabeg. Naa ke ongow, ongow go bebaamibatoojig megwayaak, mii eta go gii-pi-miijiwaad gegoo ow ge wiinawaa gaa-inanjigewaad ongow waaboozoog miinawaa waawaashkeshiwag. Mashkiki ow ogii-aabajitoonaawaa, miish iw ge wiinawaa enanjigewaad. Mii imaa, imaa owiiyaasimiwaang, mii imaa ezhaamagak o'ow, o'ow sa go mashkiki indaa-ikid. Miish iw ge wiinawaa ongow ow miijiyaang akina gegoo, mii imaa mashkiki ayaamagak. Miish imaa wewiikaa, chi-wewiikaa gii-aakozi aw Anishinaabe. Apane gii-pi-inanjigewaad akeyaa gaa-pi-inanjiged Anishinaabe mewinzha. Ke wiin noongom ow akeyaa enanjiged aw wayaabishkiiwed, mii akeyaa enanjigeyang noongom. Miish igo apaapii go, apaapii go ow wenji-aakozid aw Anishinaabe akeyaa babaa-inanjiged aw wayaabishkiiwed. ●

33 Gikinoo'amaadiiwigamig

Gaa-tibaajimod **BETTE SAM**
Gaa-tibaajimotawaajin **PERSIA ERDRICH**

Gikinoo'amaadiiwigamig ingii-izhaamin imaa. Mii eta go eko-ingodwaaching o-izhaayaang. Gaawiin wiikaa nimiwenimigoosiimin gikinoo'amaagooyaang, apane dazhaazhiingenimigooyaang. Apane gaa-izhi-miigaadiwaad ingiw Anishinaabensag ingiw

Chi-mookomaanensag. Mii azhigwa gaa-ishkwaataawaad ingiw
Anishinaabensag.

Gaawiin wiikaa ingii-tazhitaasiimin i'iw bikwaakwad.
Gaawiin wiikaa ingii-onaabamigoosiimin. Mii eta go niinawind
niinimoshenh, Waaseyange, gichi-giizhiikamaang i'iw ashi-niizho-
biboong ji-gikendaasoyaang. Ingii-chi-apiitendaamin ashi-niizho-
biboong i'iw gikinoo'amaadiiwigamig.

Noongom dash waabamagwaa ingiw niwiiji-gikinoo'amaaganag
weweni go indoodaagoo gaganoonigooyaan. Mii go geyaabi
ezhiwebak Gibaakwa'iganing *Onamia*. ●

34 Gii-izhinizha'ogooyaan Gikinoo'amaading

Gaa-tibaajimod **CAROL NICKABOINE**

Gaa-tibaajimotawaajin **MADELINE TREUER**

Ganabaj imaa ingodwaaswi ingii-taso-biboonagiz apii nimaamaa gii-maajaad. Mii dash iwidi endazhi-gikinoo'amaading, ingii-izhinizha'ogoo i'iw abiwin. Bangii ningikenimaa ko nimaamaa. Nimisenh ko ningii-kanawenimig. Indede ko apane ogii-wiijiiwaan ikwewan. Mii dash gaye niin ningii-pimoomig owidi waa-izhaad. Ningii-dakonig imaa opikwanaang waabowayaan ogii-aabajitoon.

Nimaamaa gaa-izhi-aakozid. Nimaamaa ko gii-aakozi. Nimisenh, "Gego babaamenimaaken gimaamaa. Aakozi." Ningii-kosaa nimaamaa gii-aakozid. Gaawiin niwii-wiipemaasiin. Ningii-segiz imaa aakozid. Ningii-segimigoo gii-aakozid. Nimisenh gaa-wiipemag apane.

Indede gaawiin wiin ogii-pagidinaasiin da-giishkizhond. Ganabaj i'iw da-giishkizhopan maagizhaa nawaj daa-gii-bimaadizi. Gaawiin gosha nimikwendanziin gaa-maajaa'ind. Gaawiin nimikwendanziin i'iw gii-maajaa'ind. Gaawiin ningezikwendanziin. Gaawiin gosha gegoo nimikwendanziin iw apii gaa-izhiwebizid. Mii izhiwebizid. Ningii-kwiinawenimaa apane. Mii dash owidi nimisenh dash niin ningii-o-wiij'ayaawaanaan nimaamaanaan.

Mii dash dagwaagig gaa-izhi-ozhiitaayaan owidi da-izhinizha'ogooyaan bemiwizhiwed odaabaan. Ningii-pooz dash imaa bemiwizhiwed. Mii dash gii-tagoshinaan owidi.

Gekinoo'amaaged ingii-kosaa gaa-izhi-chi-mawiyaan. Bezhig
ikwezens imaa ningii-wiidookaag. Ishkoniganing gaye wiin gii-
onjibaa. Ganabaj niishtana ingiw wenjibaajig imaa ishkoniganing
gaye, ingoji gaa-izhaajig. Niizho-biboon owidi ingii-ayaa. Apane
niibing ningii-pi-giiwemin.

Ingiw ikwezensag gii-mookisewag gegoo enaapinewaad.
Ingii-gashkaabika'ogoomin imaa mechaag abiwin. Mii imaa gii-
ayaayaang. Gaawiin nimikwendanziin minik gaa-ayaayaang imaa
abiwining. Ingii-pi-ashamigoomin gaye. Ingii-giiwanaadizimin.
Ingii-gwaakwaashkwanimin imaa nibaaganing. ●

35 Gii-bakite'ogooyaan

Gaa-tibaajimod **ELFREDA SAM**

Gaa-tibaajimotawaajin

JADA MONTANO & MICHAEL SULLIVAN SR.

Awegwen gaa-ikidogwen ji-ginjiba'iweyaang. Ingii-kinjiba'iwemin megwekob sa iidog ingii-ani-izhaamin. Gaawiin-sh wiin nimaaminonendanziin aandi gwayak gaa-izhaayaang. Ingikendaan sa ingoji *Roll-in's*, eni-dagoshinaang gii-tebibinigooyaang, gii-pi-azhewinigooyaang imaa gikinoo'amaading, bi-azhewinigooyaang imaa gikinoo'amaadiiwigamigong.

Ingii-bakite'ogoomin sa wiin igo onow nininjiin. Ingii-azhe-miigaanaa naa aw gekinoo'amaaged. Ininiiwi. Gii-bitaakondibeshimid imaa waasechiganing, mii awedi bezhig iniw ogii-ni-gaganoonaan, mii gaa-izhi-ginjiba'iweyaan, chi-apatooyaan imaa mashkodeng. Nookomis endaad ingii-apatoo, mii imaa gii-ayaayaan baanimaa bi-izhi-azhewinigooyaan. Gii-kagwejimigooyaan wegonen gaa-onji-ginjiba'iweyaan, gaa-izhi-wiindamawag, "Ingii-bitaakondibeshimig, ingii-wiisagishin. Animikogaabawid, gaa-saagijiba'iweyaan gaa-pi-izhi-giiweyaan, nookomis endaad gii-o-ayaayaan. Booch ingii-pi-azhewinigoo."

Gii-kagwejimaa nabaj aw gekinoo'amaaged wegonen gaa-onji-wiisagishimid gii-bitaakondibeshinaan. Namanj gaa-ikidogwen, aaniish-naa gaawiin ingii-nisidotanziin Chi-mookomaan-izhigiizhwewin. Namanj gaa-igoowaanen. Mii sa go ingii-noondam, *School Board*, ikidong. Maazhaa *school board* gii-izhiwijigaade imaa gii-miigaazhiyangid gekinoo'amaaged. Mii sa gaawiin ingikendanziin, namanj gaa-izhi-igoowaangen.

Ingii-azhe-gikinoo'amaagoomin sa iidog wiin igo gaawiin ingikendanziin ji-gii-bakite'ogooyaang miinawaa. Gaawiin ingii-pagidinigoosiimin ji-wiiji'idiyaang, bebakaan ingii-asigoomin ji-dazhitaayaang. Mii niin apane gaa-wiiji'ag Stella. Mii niin gaa-miinigoowaan ji-wiiji'ag. Ke ge wiin Susan gaye wiin imaa gii-wiiji'iwe. Awegwen gaa-ikidogwen ji-ginjiba'iweyaang? Gaan ingikendanziin gaa-onji-ginjiba'iweyaang. Ingii-bakite'ogoomin sa wiin igo.

Miish niin apane gaa-pi-wiiji'ag Stella. Mii niinetawind ko baa-dazhitaayaang. Bapakitejii'igeyaang ow ge mii imaa gii-wiiji'iweyaang. Gaawiin ingii-wiijiiwaasiwaanaanig ingiw apane waa-kinjiba'iwejig. Mii niin apane aw gaa-pi-wiiji'ag Stella ani-mikamaang gegoo waa-tazhitaayaang. Gaawiin eta go niwii-kinjiba'iwesiimin. Miish eta go ezhi-gikendamaan sa go gikinoo'amaagooyaan. Gaawiin geyaabi ingii-kinjiba'iwesiin. Meta go apane gaa-pi-wiiji'ag Stella. Mii sa iwidi eta bizaan gii-gikinoo'amaagooyaang, gaawiin geyaabi ingii-kinjiba'iwesiimin. Mii iw. ●

36 Gikinoo'amaading

Gaa-tibaajimod **SUSAN SHINGOBE**

Gaa-tibaajimotawaajin
JOHN BENJAMIN & MICHAEL SULLIVAN SR.

Niwii-tibaajim nitam gikinoo'amaagooyaan endazhi-gikinoo'amaading. Gaawiin ige ingii-nisidotanziin zhaaganaashiimod a'aw gikinoo'amaagekwe biinish dash igo gii-ani-gikendamaan gii-shaaganaashiimoyaan.

Eko-ishwaaching imaa mii eta go minik gii-gikinoo'amaadim. Miish iwidi oodenaang ashi-niizho-diba'igan ko gaa-tazhi-gikinoo'amaagooyaan iwidi Oodenaang ezhinikaadeg.

Mii ko gaa-ondoseyaan endaayaan, maazhaa ingo-diba'igan epiitaagwen imaa ko gii-pooziyaan a'aw gikinoo'amaadii-odaabaan. Gaan ko niibowa iwidi Anishinaabensag gii-gikinoo'amawaasiiwag. Miinawaa gii-izhaayaang ko ikwezensag ingii-wiijiiwaag iwidi adaawewigamigong maazhaa ingo-diba'igan iwapii ko ingii-inosemin da-o-dazhiikamaang iw nagamoo-makakoons. Ingii-pagidinigonaanig ko ingiw adaawewikwe naa adaawewinini da-o-bizindamaang iniw nagamonan chi-mookomaani-nagamon.

Aabiding izhaayaang biboong gii-ishpaagoneseg imaa miikanaang ingii-naananimin ikwezensag, miish imaa odaabaan ayiigwa ingii-nagishkawaanaan imaa naanoogibizod, gaa-izhi-maajiibatooyaang iwidi da-bagamibatooyaang adaawewigamigong. Gebwaa-dagoshinaang iwidi, mii odaabaan gaa-izhi-ozhaashikobizod iidog. Mii niin miinawaa niizh ikwezensag ingii-bizikaagoomin gii-ozhaashikobizod odaabaan gaa-nagishkawangid.

Miish iwidi gaawiin imaa besho gii-ayaamagasinoon aakoziiwigamig, mii iwidi, Mookomaan-onigamiing, mii iwidi gaa-onjibizod a'aw, gaawiin go aw aakoziiwidaabaan gii-aawisiin. Mii aw ginooshewidaabaan. Mii imaa ishkweyaang, niswi niin miinawaa niizh ikwezensag, nisiyaang sa go ingii-tadibazikaagoomin. Mii aw imaa gii-kawishimigooyaang ishkweyaang imaa ginooshewidaabaaning.

Miish iwidi gaa-ipizoni'igooyaang aakoziiwigamigong Mookomaan-onigamiing. Gaawiin ingikendanziin minik iwidi gaa-kanawenimigooyaang aakoziiwigamigong. Niswi iniw niibidan niwanitoonan imaa gii-tadibazikaagooyaang. Miish gaa-izhi-ishkwaataayaan gii-gikinoo'amaagooyaan, onzaam ingii-aakoziiwaadiz igaye, niizho-biboon igo ingii-ishkwaataa. Miish gaa-izhi-azhegiiweyaan eko-niizho-biboon miinawaa oodi Oodenaang gii-o-gikinoo'amaagooyaan ingo-biboon.

Onzaam iko ingii-kagaanjinawemigoog Chi-mookomaanikwensag,

miish iw gaa-onji-ishkwaataayaan. Eko-midaaching eta go bagamagindeg iw gikinoo'amaadiiwigamig, mii iwapii gaa-ishkwaataayaan.

Biboong igaye, mii imaa ko gii-o-baabii'ag aw gikinoo'amaadii-odaabaan. Chi-gisinaag, booch iko ingii-gikinoo'amaagoo endaso-giizhik. Niwanendaan ganawendamaageyaan nitam. Miish eta go ezhi-gikendamaan. ●

37 Gii-kinjiba'iweyaan Miinawaa

Gaa-tibaajimod **ELFREDA SAM**

Gaa-tibaajimotawaajin
JADA MONTANO & MICHAEL SULLIVAN SR.

Ke imaa gii-nagishkawag nishiime iwidi jiigishkwaand ingii-piibaagimig, "Kaadaak!" Mooshwensan owii-ayaawaan, wii-kiziijaane'o. "Giizhiitaayan, imaa mashkimodegwaajigan giwii-piinaa." Miish imaa debibizhid a'aw gekinoo'amaaged ojibwemoyaan. Miish imaa gii-niibawi'igooyaan. Ingii-kinjiba'iwe. Ingii-shiingendaan iwidi jaangateg niibawi'igoowaan. Gii-maajaad, maazhaa gii-saaga'am, gaa-izhi-zaagijiba'iweyaan. Ishkwaandeman imaa jiibaakwewigamigong besho go ayaamagad, mii imaa gaa-izhi-zaaga'amaan.

Iwidi gitigaaning, meta gwayak gaa-izhi-maajiibatoowaan. "Aaniin omaa enanokiiyan?" ikido nookomis. Gaa-izhi-wiindamawag gaa-inakamigak. "Ahaw, baabii'aadaa gimaamaa." Mii bi-dagoshing gaa-izhi-wiindamawind gaa-izhi-azhewinigooyaan iwidi gikinoo'amaading. Gaa-izhi-dibaajimoyaan, gii-shiingendamaan imaa niibawi'igooyaan. "Awegonesh imaa gaa-onji-niibawi'igooyan?" "Ingii-ojibwemotawaa sa Spencer, mooshwensan wii-ayaawaad. Miish imaa gii-pi-debibizhid gikinoo'amaagewikwe, miish idi gii-niibawi'igooyaan. Mii imaa gii-kinjiba'iweyaan."

Gaawiin ge niinawind ingii-nisidotanziimin zhaaganaashiimong. Bangiishens eta go ingii-nanisidotawaa. Mii sa wiin go imaa gaa-izhiwinigoowaan gikinoo'amaading. Ke, gaawiin ingikendanziin imaa ji-gii-naganigoowaan maazhaa ge gaa-ani-giiwewinigoowaanen.

Mii sa wiin go igoowaan ge-aabiji-ginjiba'iwesiwaan bizaan imaa ji-gikinoo'amaagoowaan. Chi-mookomaanikwe ogii-wiidigemaan nizhishenyan. Mii aw gaa-gikinoo'amawiyangid iw Zhaaganaashiimowin. Miish ko gaa-kagwejimangid nishiime Leonard, wiinitam gaa-gikendang ji-zhaaganaashiimod.

Mii sa gii-azhewinigooyaan, miish gaawiin ingikendanziin gii-onji-ginjiba'iweyaan geyaabi. ●

38 Gaa-gikinoo'amawijig

Gaa-tibaajimod **CAROL NICKABOINE**

Gaa-tibaajimotawaajin
KELLER PAAP & WESLEY BALLINGER

Ingii-gikinoo'aamaag niibowa a'aw nookomisiban. Gii-
kwiishkoshwewe ko a'aw nandomid da-bi-giiweyaan, chi-waasa
naa gii-noondaagozid. Ningii-wenda-minawaanigozimin ko
nookomisiban naa gaye nimishoomisiban. Mii ingiw gaa-onji-nitaa-
anishinaabe-gaagiigidoyaan.

Gii-midewi'iwe a'aw nimishoomisiban, onzaam dash ningii-
oshkaya'aansiw da-wiidookawagwaa. Noongom dash ningabe-
midew. Ningii-o-ganawaabamaanaanig gaa-izhi-midewi'iwewaad.
Gii-ni-giizhiitaawaad dash gii-piindigeshimowag ingiw zaagimaag.
Gaawiin dash geyaabi izhichigesiiwag. Ingiw zaagimaag
awegodogwen gaa-izhi'owaad, aaniish ningii-gidimaagizimin.

Aanind ogii-abiitaanaawaan waakaa'igaansan, mekadewegin
ogii-aabajitoonaawaa gii-ozhitoowaad waakaa'igan gaa-taawaad.
Gakina go gegoo ingii-gikinoo'amaag. Gaawiin ingii-ayaanziimin
wiinin, mashko-bimide dash gegoo zaasakokwed. Ogii-
ningizaanaawaa i'iw akawe, ziikoobiiginang dabwaa-aabajitood wii-
saasakokwaadang gegoo.

Geget gii-agoojigewag jiigikanaang noogishkaanid iniw Chi-
mookomaanan adaawenid gaa-izhitoowaad wiigwaasan. Mii iw
akeyaa gaa-izhi-zhooniyaakewaad.

Akina imaa Anishinaabeg ogii-ayaanaawaan gitigaanan.
Anooj ogii-nitaawigitoonaawaan, opiniin, okaadaakoonsan,

zhigaagawanzhiin, mashkodesiminan, bipakoombensan. Mii iniw
gaa-aabajitoowaad da-bi-bimaadiziwaad. Dedaakam wiineta ogii-
ayaawaan iniw baaka'aakwenyan. Ningii-meshkwadoonamaadimin
waawanoon, anooj niinawind gaa-miinangid. Ningii-kosaag ko ingiw
baaka'aakwenyag da-bi-badaka'owaad. ●

39 Gii-nitaawigi'igooyaan

Gaa-tibaajimod **WILLIAM PREMO JR.**

Gaa-tibaajimotawaajin **DUSTIN BURNETTE**

Mewinzha megwaa iwidi gii-tanakiiyaang Gakaabikaang, a'aw nimaamaa ingii-izhinizha'og iwidi Misi-zaaga'iganing da-o-wiidookawagwaa a'aw nimishoomis naa igaye nigookomis. Niibowa ingoji ingii-ayaamin, nindede babaa-dazhi-nandawanokiid. Niibowa gikinoo'amaadiiwigamigong ingii-izhaa.

Ningii-tazhi-gikinoo'amaagoo iwidi Cloverton, Jekwaakwaag, Emily, Gakaabikaang, Cove Bay, Anami'aa, miinawaa Neyaashiing. Mii go apane gii-ozhiitaayaan gii-asigisidooyaan waa-maajiidooyaan anooj gii-paa-danakiiyaan.

Gaawiin ningii-abinoojiinyiwisiin geyaabi izhaayaan iwidi gikinoo'amaadiiwigamigong. Azhigwa gaa-ani-gichi-aya'aawiyaan ingiw gechi-aya'aawijig nimisawenimigoog nawaj zakab da-ni-izhi-ayaayaan gegoo da-ni-gagiibaajichigesiwaan.

Azhigwa ani-gichi-aya'aawiyaan nawaj ningii-miinigoo ge-izhichigeyaan, ge-ni-dazhiikamaan. Ishke mii owapii gii-miinigooyaan i'iw waagaakwad ge-aabajitooyaan naa gaye i'iw baashkizigaans. Gaawiin wiikaa indazhiikanziimin iniw megwaa iwidi gii-tanakiiyaan chi-oodenaang.

Wayiiba gii-piboonagad. Mii iw apii geget ingii-minwendaan gii-soogipog. Mii imaa da-wenipaniziyaan da-maniseyaan miinawaa gaye da-giiwoseyaan. Aabiding imaa niizho-giizhik gii-soogipoomagad. Gii-ishpishin isa go a'aw goon. Azhigwa gaa-pi-giiweyaan gii-gikinoo'amaagoowiziyaan, nawaj igo ingii-paabiigiskaadendaan mii dash imaa gii-nandawaabandamaan menawaanigwak da-ni-izhichigeyaan.

Azhigwa gaa-kiizhiikamaan indanokiiwin imaa, gii-piindigeniseyaan, naa gaye gii-o-zhiigwanag a'aw akikosh endazhi-apagijiziigwebinigeng. Mii dash imaa agwajiing gii-izhaayaan. Gii-ni-dazhiikawag a'aw goon ani-ditibiwebishimag a'aw chi-bikwaakwad ingii-izhi'aa ani-aabaji'ag a'aw goon. Gomaa minik igo gii-apiitaamagad i'iw chi-bikwaakwad gaa-izhitooyaan omaa gii-ni-aabaji'ag a'aw goon. Mii omaa nikaakiganaang goon gii-ikoshimag i'iw chi-bikwaakwad gaa-izhitooyaan. Mii dash imaa chi-oshtigwaan gii-izhitooyaan. Gaawiin ingii-gashki'aasiin geyaabi da-ni-ditibishkawag a'aw goon.

Chi-oshtigwaan ingii-izhitoon. Ingii-atoon imaa chi-oshkiinzhigoon, chi-doon, chi-jaanzh, chi-tawagan igaye. Ishkwaa-izhichigeyaan, ningii-izhibatoo endaayaan gii-ni-wiindamawag a'aw nizhishenh Zaangwewegaabaw. Ishke dash a'aw nizhishenh azhigwa gaa-waabandang gaa-izhichigeyaan nawaj igo ningii-ni-biingeyenimig. Mii dash imaa inaabiyaan igaye i'iw waasechiganing ingii-waabamaa a'aw

nimishoomis. Mii go gaa-izhi-mamaajindibeshkaad. Mii imaa gii-moonendamaan gii-maazhichigeyaan.

Mii dash i'iw agwajiing gii-pi-izhaa aw nizhishenh gii-pi-wiindamawid gii-nishki'ag a'aw nimishoomis gaa-toodawag a'aw goon. Gaawiin anooj indaa-toodawaasiin a'aw goon. Manidoowaadizi a'aw goon. Mii a'aw manidoo imaa eyaad imaa gooning, mii a'aw Gaa-biboonike ezhi-wiinind. Ishkweyaang ingii-ditibibidoon i'iw, gaawiin ingii-niisaakiibidoosiin i'iw chi-oshtigwaan.

Nimishoomis ogii-mikaan i'iw chi-oshtigwaan. Ingii-wiijigaabawitaag gii-bookobidooyaan i'iw goonishtigwaan. Mii imaa gii-wiindamaagoowiziyaan anooj gegoo ge-doodawaasiwag a'aw goon. Aaniish-naa manidoowaadizi a'aw.

Ishkwaa-izhichigeyaan biindig ingii-izhaa. Ningii-anokaadaan ningikinoo'amaadii-anokiiwin. Dibikak sa go gii-maajipon. Gii-soogipon. Niso-giizhik gii-soogipoomagad. Gaawiin ingii-gashkitoosiin da-naajimiijimeyaan naa gaye gikinoo'amaadiiwigamigong da-izhaayaan. ●

40 Mii Epiichi-zhawenimid Nookomis

Gaa-tibaajimod **DAVID SAM**

Gaa-tibaajimotawaajin **KIM ANDERSON**

Mii imaa gaa-ingodwaaso-biboonagiziyaan, gii-maajii-gikinoo'amaagoziyaan. Zezika ingii-ondamakamigiz wii-odaminoyaan gii-kaabaayaan giizhi-gikinoo'amaading. Mii dash gii-dibikaabaminaagwad. Mii imaa gii-kiiweyaan, ingii-wiijidaamaa nookomis gaa-nitaawigi'id.

Mii imaa dash gii-niibawid imaa ishkwaandeming nookomis, dakonaad akikoonsan, gagwejimid niin, gii-o-naadoobiiyaan. Ingii-mamoonan akikoonsan, maadoseyaan iwidi megwayaak. Ingii-niisaakiiwe. Gii-kashkii-dibikad. Gaawiin weweni ingii-waabisiin. Ingikendaan dash besho jiibegamigoon ateg. Eshkam geyaabi ingii-niisaakiiwe, wiikwa'ibaaning. Mii dash ingii-mooshkinebadoonan akikoonsan. Mii maadoseyaan da-giiweyaan, mii dash gekendamaan miinawaa besho imaa jiibegamigong. Mii imaa ezhi-noondamaan gegoo, mii wenji-maajiibatooyaan. Gii-tagoshinaan imaa nookomis endaad, agaawaa go gii-aabitoobiiwan akikoonsan. Nookomis gii-shoomiingwenid imaa gii-tagoshinaan, gaawiin memwech gii-kaagiigidosiin. Gaawiin ogii-pabaamendanziin i'iw nibi. Mii epiichi-zhawenimid. ●

97

41 Gaa-tazhi-agoojigewaad

Gaa-tibaajimod **ELFREDA SAM**

Gaa-tibaajimotawaajin
KELLER PAAP & JADA MONTANO

Mii imaa jiigikanaang gaa-tazhi-agoodoowaad wiigwaasi-makakoonsan. Gii-adaawaagewag gaa-agoojigewaad iwidi jiigikanaang. Gii-bikwadinaa ko imaa gaa-tazhi-agoojiged nimaamaa. Biikwe (nookomis), Zhigaag (ninoshenh), John Razor (Godagiz) miinawaa-sh ge niinawind ningii-agoojigemin imaa.

Gii-nanaandawi'iwe ko akiwenzii. Ogii-ayaawaan owiiwan, Jiigew gii-inaa. Gii-kiizhi-zhooniyaakewaad imaa, ezhi-maajaawaad endaso-aabita-niibing ji-adaawewaad biizikiiginan. Gaawiin dash gii-ishpagindesinoon iniw biizikiiginan.

Gii-jiikakamigiziwag iko imaa adaawewigamigong, gii-naaniimiwag aanind, gii-siibaaska'igewag ikwewag. Mii ge niin jiimaanensan iko ingii-ozhitoonan. Gaawiin nimikwendanziin gegoo gaa-inagindeg. ●

98

42 Egoojigejig imaa Misi-zaaga'iganing

Gaa-tibaajimod **JAMES MITCHELL**

Gaa-tibaajimotawaajin **JOHN BENJAMIN**

Nimikwendaan mewizha nimaamaa wiindamawid, "Naano-giizhigak giga-maajaamin Misi-zaaga'iganing. Niwii-o-agoojige iwidi da-gashki'agwaa zhooniyaag. Noongom niwii-ayaawin da-baamoseyan megwayaak da-maamiginadwaa wiigwaas, mikond naa wiigobaatigoog. Indagoshinimin iwidi Misi-zaaga'iganing niwii-ayaawin gabe-giizhig da-anokiiyan da-naajiwiigwaaseyan naa wiigob naa mikond, da-manezisiwaan."

Niibowa gii-ayaawag Anishinaabeg egoojigejig gaye. Mii azhigwa eni-onaagoshig maazhaa niiyo-diba'iganek, miish aya'aa ba-bagamibizod a'aw adaawewinini. Mii dash akina awiya adaawewaad wiisiniwin. Mii dash gabe-niibin gaa-izhichigewaad omaa Misi-zaaga'iganing akina awiya da-wiisiniwaad.

Mii sa eni-onaagoshig, mii azhigwa bagidinigooyaang da-o-odaminoyaang. Mii go miinawaa eni-biidaabang amaji'igooyaan da-ni-maajitaayaan da-naadiyaan miinawaa wiigwaas, wiigob, naa mikond. Mii go gaa-o-izhichigeyaang gabe-niibin, maamiginamaang da-debiseg iniw wiigwaas, wiigob naa mikond gabe-biboon.

Mii ezhi-mikwendamaan da-gashki'aawaad zhooniyaan da-debisemagak gabe-biboon. ●

43 Gaa-izhinizha'ogooyaan Nookomis Endaad

Gaa-tibaajimod **FRANCES DAVIS**

Gaa-tibaajimotawaajin **CHATO GONZALEZ**

Apane go gii-agaashiinyiyaan nigitiziimag ingii-izhinizha'ogoo nookomis gaa-taad Chi-minising. Waabooz gii-izhinikaazo. Miish ko da-gii-nagishkawag mindimooyenh, Waashkesh gii-izhinikaazo a'aw mindimooyenh. Besho gii-taa a'aw Waashkesh. Miish ko iwidi gii-nitaa-miijiyaan makowiiyaas. Ogii-giikanaamozaan i'iw makowiiyaas. Miish ko gaa-azhegiiweyaan gii-pi-izhinizha'ang i'iw makowiiyaas endaso-ziigwang.

Memeshkwad ingii-izhinizha'ogoomin niij-aya'aag da-wiij'ayaawangid nookomis. Indede ko ogii-izhinikaanaan omaamaayan nookomis, nigozisag gaye ogii-izhinikaanaawaan, "Gaanaan" omaamaayiwaan.

Naa-sh idi Chi-minising Wazhashk gii-izhinikaazo nizigos. Gii-gikinoo'amawid da-gitigaadamaan ode'iminan. Miish ko gaa-azhegiiweyaan naa ko niwiij'ayaawaa Mooshkineyaashiikwe imaa aya'iing *Onamia* gii-ayaa oodenaang imaa ko gii-taa. Miish imaa gii-wiidookawag gii-ozhi'aad asabiin miinawaa anaakanashkoon baamaamiginang anaakanan ozhitood.

Miish ko endaayaang gii-pi-izhaad Mooshkineyaashiikwe da-bagida'waayaang apane, ginoozhe naa ogaa awaazisiinsag gii-tebibinangidwaa. Niibowa ingii-tebibinaanaan noongom dash misawenimag a'aw giigoonh. Ingii-saasakokwaanaanaanig ogaawag, ingii-onzwaanaanig ginoozheg naa-sh awaazisiinsag.

Giishpin debibinangidwaa mizayag ingii-onzwaanaanig. Gegaa biboong, mii apii gii-tebibinangidwaa mizayag. Waakwan miinawaa okon, mii ko gaa-miijiyaang. Ingii-kijiigibinaanaanig ingiw mizayag. Ingii-gibozaanan mizayag waakwan miinawaa okon. Ingii-abwemin iko. Gaawiin dash noongom nimiijisiin.

Waawaashkeshiwiwiiyaas iko nimiijimin, waabooz, wazhashk, noongom dash gaawiin gegoo iw dino wiiyaas nimiijisiimin. Mii eta go wiiyaas adaaweyaang. ●

44 Gaa-pi-izhiwebak

Gaa-tibaajimod **SHIRLEY BOYD**

Gaa-tibaajimotawaajin **MICHELLE GOOSE**

Gii-gitigewag nimaamaa miinawaa indede. Gii-michaamagad dash i'iw gitigaan. Akina nigii-wiidookaazomin. Akikoon ogii-aabaji'aawaan nibi gii-atoowaad gitigaaning akeyaa. Miish imaa gaa-ondinamaang gaye niinawind gii-aabajitooyaang egaasaagin makade-mashkikiwaaboo akikoon bagoneyaag. Miish iniw gaa-aabajitooyaang nibi ji-atooyaang imaa gitigaaning.

Baanimaa ko giizhiging miskominan ingii-maamiginaanan gii-wiidookawangid nimaamaa. Gaa-izhi-adaawaaged miskominan. Apane ingii-wiidookawaanaan nimaamaa. Miinawaa ge agoojiged ingii-wiidookawaanaan. Wiigwaas gii-naadiwaad gwiiwizensag. Wiigob gii-naadiyaang ikwezensag. Ogii-ozhitoonan dash iniw biskitenaaganan miinawaa jiimaanensan miinawaa bineshiinh-waakaa'igaansan. Gii-adaawaagewag moosen. Ogii-maamiginaawaan moosen.

Miish wapii gii-maajii-manoominikewaad. Gii-aanjigoziyaang makade-mazina'igani-waakaa'igan gii-ozhitoowaad. Mii imaa gii-ayaawaad gaa-ishkwaa-manoominikewaad nimaamaa miinawaa indede gii-nandawishibewag. Ingii-kiiwewinigoomin ji-maajitaayaang gikinoo'amaadiwin. Waawaashkeshiwan gii-nooji'aawaad. Miish gii-manisewaad. Misan ingii-aawadoomin.

Apane go ingii-wiidookaazomin. Gaawiin-sh memwech ingii-tiba'amaagoosiimin. Noongom idash gegoo izhichigewaad, booch da-diba'amawindwaa. Ingii-minwendaan ko bezhig zhooniyaans maagizhaa ge aabita-zhooniyaans gii-miinigooyaan. ●

45 Gii-inigaaziwag Mewinzha

Gaa-tibaajimod **CAROL NICKABOINE**

Gaa-tibaajimotawaajin **MADELINE TREUER**

Mewinzha gii-inigaaziwag Anishinaabeg. Gaawiin gii-anokiisiiwag. Mii ezhi-anokiitaazowaad. Gaawiin gii-gashkaakonigesiiwag endaawaad. Gaawiin gii-nitaa-gimoodisiiwag. Gii-inigaaziwag. Gaawiin gegoo ogii-ayaanziinaawaa.

Gii-pagida'waawag. Mii apane giigoonyan gaa-amwaawaad, naa waaboozoon miinawaa waawaashkeshiwan. Gaawiin ganabaj gii-bakadesiiwag.

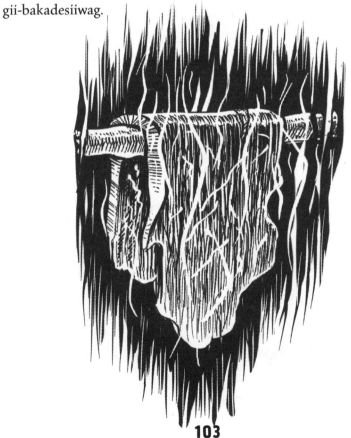

Gii-agoojigewag gaa-ozhitoowaad miinawaa gii-
kashkigwaasowag i'iw wiigwaasi-akikoon, naa bineshiinyag
endaawaad. Ogii-shizhoobii'aanaawaa i'iw wiigwaas imaa
odakikong. Naa, miinawaa ojiimaanensan, gookooko'oog. Mizhisha
gii-ate imaa da-aabajitoowaad ingiw Anishinaabeg.

Gakina awiya gitigaan ogii-ayaanaawaa. Dagwaaging, mii
ezhi-bawa'amowaad. Gaawiin awiya odaabaanan ogii-ayaawaasiin.
Adaawewinini gii-izhiwinaawag owidi zaaga'iganiing endazhi-
bawa'amowaad. Miinawaa ko ogii-naanigowaan ishkwaa-
bawa'amowaad. Mii ezhi-adaawaagewaad i'iw manoomin. ●

46 Gii-ikwezensiwiyaan

Gaa-tibaajimod **SUSAN SHINGOBE**

Gaa-tibaajimotawaajin
JOHN BENJAMIN & MICHAEL SULLIVAN SR.

Indadibaajim akeyaa gaa-pi-izhi-bimaadiziyaan gii-ikwezensiwiyaan. Ingezikwendaan, gaawiin ingikendanziin gaa-taso-biboonagiziyaan, iwidi ko gii-taayaang akeyaa noongom ezhinikaadeg Migizi, Migizi owidi akeyaa miikana gii-izhinikaade. Geyaabi sa go izhinikaade iw.

Mii iwidi indede gii-ozhitood endaayaan, dibi go gaa-ondinaagwen nabagisagoon da-ozhitood waakaa'igan, mii eta go niizh iniw nibaaganan gii-tebising miinawaa gizhaabikizigan, mii ko ge iniw gaa-aabaji'aajin nabagisagoon gii-ozhitood niizh nibaaganan miinawaa ishkwaandem, mii ge nabagisagoon gaa-aabaji'aajin gii-ozhitood ishkwaandem. Waasechiganan dash, gaan ingikendanziin ge-izhinikaadamowaanen *gunny sacks*, mii ko gaa-kibiiga'igeng imaa waasechiganing, niizh eta go imaa gii-ozhitood iniw waasechiganan.

Gii-agaasaamagad sa go iw waakaa'igaans, amanj imaa minik owapii gaa-taawaangen. Amanj ge iwapii gaa-taso-biboonagadogwen gii-ozhitawindwaa Anishinaabeg waakaa'iganan. Mii dash imaa gaa-izhigoziyaang bezhig. Meta go niizh ge imaa gii-waakaakinigaadewan, chi-mishawateg iw bezhig, nibewigamigoon, miinawaa jiibaakwewigamig. Ginwenzh sa go imaa ingii-taamin.

Gaawiin ingikendanziin owapii gaa-ozhichigaadeg iniw oshki-waakaa'iganan miinawaa. Miish iw geyaabi imaa endaayaang, ingii-ozhitamaagoomin imaa waakaa'igan. Niniijaanisag niiwin,

niizh ikwezensag niizh gwiiwizensag, gii-michaamagad sa go, mii
iw geyaabi endaayaang gii-ozhichigaadeg. Gaawiin ingikendanziin
owapii gaa-ozhichigaadeg, mewinzha sa go.

Mewinzha sa ge indadibaajim gii-pi-inigaaziyaang, indede ko
mii eta go gii-paa-naanoojichiged, anooj igo gegoo ingii-miijimin:
giigoonyag, ginoozhe, ogaa, odoonibiinsag, awaazisii, miinawaa
waaboozoog, baa-agoodood indede ko waaboozoon gii-paa-
agoodawaad, miinawaa gaagwan.

Anooj sa go gegoo indede ogii-paa-mikaan o-baa-agoodood.
Aaningodinong ko ge ogii-agoodawaan, gegoo wanendamaan
ezhinikaadeg, waawaashkeshiwan, waawaashkeshi miinawaa anooj
sa go gegoo ingii-miijimin.

Gii-paa-dazhitaayaang ko gaye, gaawiin waasa ingii-
pagidinigoosiimin da-baa-dazhitaayaang, mii eta go wagidaaki, chi-
wagidaaki ko ingii-paa-zhooshkwajiwemin biboong. Indede ko ingii-
ozhitaagonaan, mii go imaa gii-ozhi'aad iniw biboonidaabaanensan,
nabagisago-mitig, mitigoon ogii-aabaji'aan gii-ozhitamawiyangid
biboonidaabaanensan, da-baa-zhooshooshkwajiweyaang.

Gaawiin sa go niibowa gegoo ingii-izhichigesiimin. Mii eta ezhi-
gikendamaan ge-ikidoyaambaan. ●

47 Zhimaaganishiiwiyaan

Gaa-tibaajimod **WILLIAM PREMO JR.**

Gaa-tibaajimotawaajin **NICK HANSON**

Niwii-tibaajim gaa-inaapineyaan mewinzha. Mii sa go ingii-ayaamin Gakaabikaang, gii-anokii iwidi nindedeyiban, naa ge gii-nazhikewabi a'aw nimaamaayiban. Gaye niin ingii-izhaa imaa gikinoo'amaadiiwigamigong gii-misawendam gii-izhichigeyaan nimaamaa. Gaawiin wiikaa oniijaanisan gii-izhichigesiiwan.

Mii sa go gii-inaapineyaan i'iw biboong. Gaawiin zhooniyaa ingii-ayaawaasiin da-izhaayaan nawaj gikinoo'amaading. Mii sa go gii-kwiinawaabamagwaa niitaawisag. Ingii-kagwejimaa indedeyiban, "Aaniish ezhichigewaad niitaawisag?" "Gii-o-zhimaaganishiiwiwag," gii-ikido. "Aaniish wapii waa-kagwejimad?" "Niibinong," gii-ikido.

Mii sa go ingii-azhegiiwe iwidi chi-gikinoo'amaadiiwigamig. Baanimaa ingii-chaaginaa gakina zhooniyaa gaa-aabajitooyaan, mii sa go ingii-ishkwaataa'igoo. "Aaniish naa waa-izhichigeyaan," ingii-inendam. Gaa-waawaabanjigeyaan i'iw anokiiwin iwidi chi-oodenaang. Gegaa aabita-biboon ingii-tananokii iwidi chi-oodenaang. Agaawaa go ingii-pimaadiz iwidi, apane ingii-bakade. Bangii anokiiwin ingii-mikaan. Mii sa go gii-nishkaadiziyaan. Gaawiin anokiiwin ingii-mikanziin. Ingii-kagwejimaa indedeyiban, "Aaniish akeyaa waa-izhichigeyaan imaa akeyaa zhimaaganishing?" "Ahaw," gii-ikido. "Waabang gigizheb giga-izhiwinigoo iwidi chi-waakaa'iganing zhimaaganishing."

Mii sa go gigizheb ingii-wiijiiwaa iwidi chi-waakaa'iganing. Niwii-shimaaganishiiw, anooj ingii-izhichigemin iwidi. Baanimaa

109

ishkwaa-naawakweg ingii-ishkwaataa'igoomin, "Mii iw," gii-ikido
aw bezhig ogimaa-zhimaaganish. "Mii sa go noongom maajii-
zhimaaganishiiwiyan. Niso-biboon giga-zhimaaganishiiw," gii-ikido.
"Waabang giga-izhiwinigoo waasa zhaawanong akeyaa. Iwidi giga-
gikendaan zhimaaganishag ezhichigewaad."

Mii sa go ingii-azhegiiwe iwidi endaad indedeyiban.
Ingii-dibaajim gaa-inaapineyaan iwidi chi-zhimaaganishiiwi-
waakaa'iganing. "Baanimaa waabang niwii-izhaa iwidi niso-biboon,
indaa-izhaa iwidi zhimaaganishing." "Ahaw," gii ikido. "Daga
izhaadaa bangii giwii-minikwemin zhingobaaboo." Gaawiin niwii-
waabamaasiin niso-biboon. Mii sa go waabang gii-aabaakawiziyaan.
Ingii-chi-dewikwe, naa gaye nimaanikaag.

Goshkoziyaan, ingii-izhaa iwidi wii-shimaaganishiiwiyaan.
Niibowa gwiiwizensag okogaabawiwag. Ingii-poozimin chi-
odaabaaning iwidi nawaj chi-odaabaan ingii-izhiwinigoomin.
Ingii-poozi'igoomin iwidi ishpiming bemisemagak, zhaawanong
akeyaa ingii-izhaamin. Mii iwidi niwii-gikendaan zhimaaganishag
ezhichigewaad. Mii iwidi ingii-miinigoo ozhaawashkwo-
biizikiiginan, naa gaye baashkizigan, naa anwiinsan, naa ge gegoo
waa-aabajitooyaan zhimaaganishiiwiyaan.

Naaningodinong ingii-tebibidoon mazina'igan ozhibii'igewaad,
ingii-kagwejimigoo, "Aaniish nawaj geyaabi waa-izhichigeyan
zhimaaganishiiwiyan?" Niizho-biboon ingii-ayaa imaa akiing
zhimaaganishiiwiyaan naa ningoding ingii-miinigoo mazina'igan,
"Giwii-izhaa miigaadiwining." Akawe niwii-azhegiiwe iwidi
endaayaan. Gaawiin mashi gii-ayaasiiwag niitaawisag, geyaabi
zhimaaganishiiwiwag. Naanan geyaabi gii-shimaaganishiiwiwag
miinawaa ezhinikaazowaad, naa bezhig aw Eshkwegwaneb, Chi-
mookomaan, Amikogaabaw, Gezhibaawise, Bezhigwewidang,
geyaabi gii-shimaaganishiiwiwag. Hay' mii sa go gaawiin ingii-
waabamaasiig, geyaabi miigaading.

Biboong ingii-izhaa iwidi miigaading, wiidookawagwaa
Chi-mookomaanag gii-miigaajigewag, oshkaya'aag,
Aniibiishikewininiwag. Zanagad iwidi waabandamaan gaa-inaapined
iwidi miigaading. Geyaabi noongom ingiiwanaadingwash. Mii gii-
ishkwaa-izhichigeyaan, niso-biboon ingii-shimaaganishiiw, miish
giiweyaan imaa. Mii sa go gii-nandawaabamagwaa niitaawisag.
Ingii-mikawaag iwidi Misi-zaaga'iganing. Gegaa anama'e-giizhik
ingii-wii-zekidoomin epiichi-minwendamaan waabamagwaa
zhimaaganishag. Mii iw. ●

48 Gaa-noondamaan Gii-wanitaasod Awiya

Gaa-tibaajimod **FRANCES DAVIS**

Gaa-tibaajimotawaajin **CHATO GONZALEZ**

Azhigwa ani-gichi-aya'aawiyaan, mii ko gii-wiijiiwagwaa nigitiziimag awiya banaadizid. Mii ko gaa-izhi-gikinoo'amaagooyaan awiya banaadizid da-izhaayaan da-zhawenimag. Mii ko idi endaawaad gaa-izhaayaang gii-shawenimangid gaa-wanitaasod.

Akina ingoji gii-izhaawaad, miish gii-noondawagwaa gaganoonindwaa wenitaasojig. Wiindamawindwaa i'iw da-boonitoowaad iw minikwewin gaa-naazikaagowaad, mii imaa gaa-inindwaa, "Mii na nawaj gizaagitoonaawaa i'iw minikwewin apiish a'aw gaa-wani'eg?"

Miish ko gaye niin gii-wani'ag nigozis gaa-saziikizid, gii-izhaayaan Minisinaakwaang gii-kiziibiiginigooyaan. Miish a'aw Bizhiwens (Maggie Miskwades) naa Newajigiizhik (Jack Miskwades) gii-wiindamawid, mii gaye niin dibishkoo gii-izhiwaad gii-pizindawagwaa.

"Ishke-sh ge niinawind gii-wani'angid aw noozhishenh, a'aw mii iw ogii-nitaamiikaan iw minikwewin a'aw bezhig noozhishenh. "Giishpin zaagi'aawaden wiin gishiime, mii go ge-izhi-boonitooyamban," ingii-inaa. Mii go ge wiin gii-pizindawid. Mii sa go gaye akina awiya gii-bizindang i'iw ikidowin.

Giishpin boonitoosigwaa minikwewin, miish da-onzaamiikamowaad iw minikwewin da-inigaa'idizowaad. Mii go apane ge-izhi-bimaadiziwaad i'iw. Gaawiin da-bi-izhaasiiwag bebiiwizhiinyijig abinoojiinyag. Gaawiin daa-bagidinaasiiwag da-bi-izhaawaad maajaa'iweng. ●

113

49 Akina Gegoo Gaa-odaabii'iweyaan

Gaa-tibaajimod **SHIRLEY BOYD**

Gaa-tibaajimotawaajin **MICHELLE GOOSE**

Chi-ogimaa owiiwan ogii-ozhitoon ji-wiidookawindwaa bakaan enazhejig ji-anokiiwaad. Mii gaa-izhi-anoonigooyaan. Nigii-minwendaan igo akeyaa gaa-anokiiyaan miinawaa indaano-wii-odaabii'iwe, akina gegoo ingii-odaabii'iwe. Miinawaa zoogipog ingii-odaabii'aag ingiw dawaagone-odaabaanag. Niin nitam ikwe miinawaa Anishinaabe ingii-asigoo omaa akeyaa ji-anokiiyaan. Bezhig inini gii-ikido, "Naadin mookomaan." Gii-ininamawag i'iw mookomaan, gii-ikido, "Mookomaan odayaan Anishinaabe." Ingii-mamoon dash owiiwakwaan. Gaawiin-sh gegoo wiinizisan ogii-ayaanziinan. Ingii-ikid dash, "Niwii-pishagindibekonaa Chi-mookomaan. Awiya ingii-aada'og." Wii-mamooyaan wiinizisan, gaawiin gegoo imaa ogii-ayaanziin. "Awiya ingii-aada'og." Gaawiin awiya gii-paapisiin, mii go miinawaa gaa-ikidoyaan. "Awiya gii-aada'od," akina awiya gii-paapiwaad.

Naagaj igo, ginwenzh azhigwa odaabii'iweyaan ingiw chi-odaabaanag. Aaningodinong igo boozitooyaan zhiibaawaabikoon. Nigii-wanendaan chi-biimiskwa'igan. Nigii-kagwejimaag dash ji-gii-piidoowaad, gaawiin dash ge wiinawaa ogii-piidoosiinaawaa. *Al Tire* biimiskwa'igan ingii-aabajitoon ji-biimiskwa'amaan. Ingii-gashkitoon sa go. Gaa-kiizhiitaayaan, gii-maajaa-sh bezhig makade-mashkikiwaaboo wii-o-minikwed. Gaa-ishkwaa-minikwed makade-mashkikiwaaboo, ogii-pizikawaan odaabaanan azhebizod.

114

Gaawiin dash gii-mamawaasiin iniw chi-odaabaanan, geyaabi go gii-odaabii'iwe.

Gaawiin indaano-wii-ayaawigoosiin ji-odaabii'iweyaan. Ingii-wanendaan ji-wiikobidooyaan dawaagone'igan. Anooj ko gegoo ingii-pi-izhiwebiz odaabii'ag. Niishtana ashi-niiyo-biboon nigii-anokii, ishkwaataayaan. *State pension* dash nigii-miinigoo. Nigii-miigaadaan akina gegoo gaa-ikidowaad aanind anooj gii-ikidowaad. ●

50 Miigaading Gii-izhaayaan

Gaa-tibaajimod **WILLIAM PREMO JR.**

Gaa-tibaajimotawaajin **NICK HANSON**

Mii noongom niwii-dibaajim gaa-inaapineyaan mewinzha zhimaaganishiiwiyaan. Iwidi jiigibiig ningaabii'anong zhiiwitaagani-agaaming ingii-ayaa. Megwaa iwidi ingii-gikinoo'amaagoo nawaj waa-izhichigeyaan miigaading, giishpin wii-izhaayaan iwidi miigaading. Niminwendam iwidi anokiiyaan epiichi-minwaateseg iwidi. Chi-megwekobiing naa gaye chi-ziibiing ayaawag iwidi. Naa gaye ingii-mawadisaag Anishinaabeg iwidi. Baanimaa ingoding sa ingii-miinigoo mazina'gan, "Iwidi chi-miigaading giga-izhaa. Awas giizis giga-izhaa."

Mii sa go gii-azhegiiweyaan imaa Gakaabikaang gii-taad aw nindedeyiban. Iwidi ingii-wiij'ayaawaa iwidi bangii. Naa gaye ingii-waabamaag ninoshenh, naa gaye niinimoshenyag. Gakina awiya ingii-mawadisaag. Naa gaye ingii-izhaa imaa niimi'iding. Gii-kaagiigido bezhig ogichidaa. Gii-ikido gaa-inaapined gii-izhaad imaa miigaading. Weweni gii-ikido, "Gego aapiji zegizikegon. Anooj iwidi giga-waabandaan. Zoongide'en waabandaman." Mii sa go ingii-azhegiiwe iwidi wenji-maajaayaan agaaming akeyaa.

Ingii-aanjikonaye, ingii-miinigoo miigaadiwayaan. Imboozi'igoo i'iw bemisemagak. Mii iw ginwenzh ingii-bimibiz iwidi giiwedinong akeyaa, waasa iwidi ingii-izhaamin. Iwidi ingii-noogishkaamin Alaska. Nawaj iwidi ingii-izhaamin ningaabii'anong. Miinawaa ninagaashkaamin iwidi Aniibiishikewininiwag gaa-taawaad.

Geyaabi waasa ingii-bimibizomin zhaawanong, mii sa go baanimaa
ingii-kashkitoon i'iw waa-izhaayaan *Vietnam*.

Ingii-izhiwinigoo iwidi akawe ingiw noomaya gaa-
tagoshinowaad iwidi miigaading akeyaa. Niizho-anama'e-giizhik
ingii-ayaa iwidi. Megwaa iwidi ayaayaan, anooj gegoo ingii-
anokii'igoo. Ingii-piinitoon iniw chi-baashkiziganan naa gaye
odaabaanag. Naa gaye ingii-piinitoonan waakaa'iganan iwidi.
Anooj gegoo ingii-izhichige iwidi. Baanimaa sa go chi-ogimaa-
zhimaaganish, "Giwii-izhiwinigoo iwidi, giga-anokii'igoo iwidi."
"Ahaw." "Daga izhaadaa," gii-ikido.

Mii sa go dibikak inga-izhiwinigoo iwidi gaa-waawaabanjiged
iwidi megwekobiing. Waanikaag ingii-piindige, "Mii go omaa
giga-ayaa gabe-dibik," gii-ikido ogimaa. "Gego nibaakegon, chi-
ginebigoog ayaawag omaa. Giishpin nibaayan, giga-dakwamigoo naa
gaye omaa ayaawag chi-nandookomeshiinyag giga-wewebinigoog."
Mii sa go zegiziyaan. Mii go gaa-izhi-maajaad chi-ogimaa. Mii eta
go niin ingii-nazhikewab iwidi waanikaag. Gabe-dibik ingii-ayaa
iwidi ganawaabanjigeyaan iwidi bizindawagwaa chi-megwekobiing
gii-piibaagiwaad, awegodogwen iidog. Mii sa go niineta ingii-
ayaa iwidi ingii-inendam, "Gaawiin awiya ingii-waabamaasiin
epiichi-makadewaag iwidi." Gabe-dibik iwidi ingii-waawaabanjige
baanimaa waabanong gii-dagoshin. Mii sa go iwidi ingii-waabamaag
nawaj zhimaaganishag ingii-waabamigoo, ingii-wani-waabanjige.
"Aabanaabin iwidi ishkweyaang, mii iw gwayak akeyaa." Ingii-wani-
waabanjige. Gaawiin indaa-kawingwashisiin gabe-biboon iwidi
ayaayaan. Mii iw. ●

51 Nitaawigi'agwaa Abinoojiinyag

Gaa-tibaajimod **SHIRLEY BOYD**

Gaa-tibaajimotawaajin **MICHELLE GOOSE**

Nitam igo niningwanis nigii-kanawenimaanaan. Gaa-ishkwaa-gikinoo'amawind gii-shimaaganishiiwi. Gii-pi-dagoshing, mii go omaa endaayaang gaa-pi-izhaad. Gii-maajii-anokii dash. Iwapii gaa-wiidiged, ogii-ayaawaan Judy, Barret, Amy, Jenny, Megan. Nisayenh gii-ishkwaa-ayaa. Caryn nitam gii-pi-giigido wii-pi-wiij'ayaawid. Nigii-wiindamawaag dash, "Giishpin nibaayaan bi-dagoshinan ishkweyaang bi-biindigen. Gaawiin da-gashkaabika'igaadesinoon. Ishkweyaang dash iwidi nibewigamig gidaa-mamoon."

Naagaj igo Shelly gii-pi-dagoshing, miinawaa-sh Denise. Gii-gikinoo'amawaawag dash Neyaashiing. Gaa-kiizhitamowaad iwidi, chi-oodenaang gii-izhaawag. Denise dash wiin ingii-wiij'ayaawig biinish gii-aanjigozid wapii *Hinckley* gii-paakaakosing.

Apane go ingii-pi-ayaawaag abinoojiinyag. Indaanikoobijiganag niganawenimaag. Nigii-ayaawaag sa go. Niizh igo nigii-wawaangoomaag. Gii-ishkwaa-ayaa nimaamaa gii-ashi-niso-biboonagiziyaan, mii gaa-onji-ganawenimagwaa abinoojiinyag.

Geyaabi go bi-dagoshinoog. Nookomis indigoog. Apane gii-mangate endaayaan gakina awiya ji-debishinowaad. Niizh gwiiwizensag ingii-ayaawaag miinawaa niizh ikwezensag. Ashi-niswi ogii-kiizhitoonaawaa gikinoo'amawindwaa. Aanind ajina gii-pi-dagoshinoog. Ogii-gikendaanaawaa endaayaan ji-bi-izhaawaad. Aanind gaawiin nigii-pagidinaasiig ji-bi-izhaawaad aabaajitoowaad i'iw maanaadak. ●

52 Ezhiwebak

Gaa-tibaajimod **CAROL NICKABOINE**

Gaa-tibaajimotawaajin **WESLEY BALLINGER**

Waabooz gizhiibatoo megwayaak ezhaad. Mii dash ningii-segi'aanaan waabamigooyaang. Aw ikwezens omisawendaan da-ayaawaad iniw waaboozoon. Mii dash nigii-wiidookawaa da-debibinaad, ningii-pimibaatoomin da-wi-debibinag a'aw waabooz.

Onzaam gwaashkwani naa gizhiibatood, gaawiin ingii-tebibinaasiin. Mii dash a'aw ikwezens maadademod. Mii azhigwa wii-kimiwang, mii gaa-izhi-mamaangibiisaag. Ningii-nisaabaawemin. Besho mii iwidi gaa-apatooyaang waakaa'iganing gaa-taayaang.

Mii dash ningii-nandawaabandaan gegoo, a'aw ikwezens odaminod. Mii dash giiwed, ogii-wanendaan wii-tebibinaad iniw waaboozoon. Agwajiing ningii-inaabimin gii-saagaateg, mii dash a'aw ikwezens wii-o-dazhitaa wewebizoning. Aabajitood iw gwaashkwaneyaabiin miinawaa ogii-waabandaan i'iw zhooshkwajiwewin, ogii-minwendaan apane gaa-izhi-baapid.

Mii dash igo gii-pi-ikido, "Nibakade." Ningii-ashamaa zaasakokwaan miinawaa waaboozo-naaboob. Gaa-ishkwaa-wiisinid, mii azhigwa wii-kanawaabandang mazinaatesijigan anooj izhichigewaad ingiw awesiinyag mazinichiganag. Ogii-minwendaan gaa-waabandang, apane baapishki.

Mii azhigwa onaagoshing a'aw ikwezens azhigwa naanibaayawe, mii azhigwa ani-gisinaa mii gaa-izhi-gawishimod. Ningii-agwazhe'aa i'iw waabowayaan. Mii iw. ●

53 Waagoshiban

Gaa-tibaajimod **ELFREDA SAM**

Gaa-tibaajimotawaajin **JADA MONTANO**

O-zaaga'am gii-izhaad, gikinawaabamaad osayenyan gaa-izhi-nitaawichiged da-zaaga'ang. Gaye wiin odapabiwin ogii-ayaan, mii ge wiin imaa o-niibawid, gaawiin dash gegoo izhichigesiin. Aaningodinong eta go gii-saaga'ang, bi-gwekigaabawid da-bapasininjii'odizod gaawiin dash awiya imaa ayaasiiwan.

Miish ingoding gaa-izhi-maazhi-ayaad, gaa-izhi-izhiwinag aakoziiwigamigong.

Gaa-izhi-biindiganind, chi-gizhizowin ogii-ayaan. Gaawiin imaa indaano-wii-naganaasiin, ingii-wiindamaagoo, booch ji-naganag. Geget gii-maazhi-ayaa, chi-gizhizod.

Gaawiin niin indaa-ayabi'igoosiin ji-debibidooyaan, "Mii go izhi-giiwen," ingii-igoo. Gaawiin niwii-naganaasiin. Hay', gaa-izhi-naganag. Miinawaa-sh azhegiiweyaan o-nandawaabamag, ogii-piizikaan iw aanziyaan. Gaawiin ingii-minwendanziin iw. Mii imaa ge-namadabiyaan baabii'ag aw ji-bi-zaagewed.

"Awegonen wenji-biizikang iw aanziyaan?" indinaa aw mashkikiikwe. "Namanj iidog," ikido, "Gaawiin niin ingii-toodanziin." "Gaawiin niminwendanziin iw," nigii-ikid. Ogii-kashkitoon wiin gii-saaga'amoo'idizod." Gii-wanendam dash gii-izhaad zaaga'amowining. Gaa-izhi-mawine'wag aw mashkikiiwinini, "Chi-bagandiziwag ingiw ikwewizhishag," indinaa. Ogii-piizikoonaawaan aanziyaan gii-nitaawi'idizod, ge-o-biizikoonind chi-mookomaan-aanziyaan.

121

Miish igo ingoji gii-izhaayaang niimi'iding, makademashkikiwaaboo-akikoons izhi-bimiwidood. Wiin igo imaa odaa-o-atoon. Dagoshinaang ezhaayaang, oziigwebinaan, gii-maajii-ziiginang. Giziibiiginang, o-animikosidood imaa jiigayi'ii babagiwayaanegamig. Mii imaa jiigayi'iing gii-o-animikosidood. Wii-maajaayaang, mii nitam debibidood, waa-atood biinjayi'ii. Ganawenindizo. Gii-nitaawichige gii-agaashiinyid.

Gaawiin ge gii-ojibwemosiin gii-agaashiinyid. Gaawiin dash gii-nitaa-gaagiigidosiin. Waagosh gii-izhinikaazo nigozis. Gii-nitaawichige bi-naganangid niimi'idiiyaang ingoji. Mii gaawiin niwii-wiijiiwigosiinaan ezhi-nazhikewabid.

Booch igo nimaamaa naa indede ingii-wiindamawaag gii-naganangid. "Gaawiin wii-wiiji'iwesiin," ingii-inaag. "Oonh inga-onji-ganawaabamaanaan." Aaningodinong eta go ingii-wiijiiwigonaan gii-agaashiinyid, ingoji go gii-ningodwaaso-biboonagizid. Gii-niimi ko. Niimiwayaan ingii-adawetamawaanaan. Miish gaa-izhi-bangishimaad miigwanan. Gaawiin wiikaa miinawaa gii-niimisiin. Gaawiin ganage gii-piindigesiin imaa gaa-tazhi-niimi'iding.

Nanaandawi'iwewininiwan odaano-gii-pi-gaganoonigoon. Hay' mii go gaawiin. Mii go gaa-izhi-ishkwaataad. Mii iw waa-izhi-adaawaaged oniimiwayaan. "Giin giniimiwayaan," indinaa, "Giin waa-inagindaman." Meta go niimidana daswaabik gii-inagindamawaad iniw gwiiwizensan gaa-adaamigojin. ●

54 Wewinabi Gikinoo'amaageyaan

Gaa-tibaajimod **CAROL NICKABOINE**

Gaa-tibaajimotawaajin **MADELINE TREUER**

Wewinabi imaa indananokii owidi Misi-zaaga'iganing ishkoniganing. Gegaa owidi niishtana daso-biboon ganabaj imaa indanokii iwidi. Mii dash abinoojiinyag ingii-waabanda'aag iniw awesiinyan imaa mazinaabikiwebiniganing. Mii ezhi-gikendamowaad naa ezhinikaazonid iniw awesiinyan miinawaa ezhinaagozinid. Endaso-giizhik owaabandaanaawaan mazinaakizonan. Mii dash ezhi-gagwejimagwaa ingiw, mii ezhi-gikendamowaad ekidong.

Wiisiniwin niwii-waabanda'aag imaa mazina'iganing. Owaabandaanaawaan wiisiniwin ezhinikaadeg. Mii dash ezhi-gikendamaan nitaa-ojibwemowaad wiinawaa ikidowaad i'iw mezinaakideg. Mii i'iw ezhi-gikendamowaad awegonen maajiwaad ezhinikaadeg. Niwii-waabanda'aag i'iw wiisiniwin ezhinikaadeg: bakwezhigan, doodooshaaboo, zaasakokwaan, baaka'aakwenh, opiniig, eshkandaming, menwaagamig, aniibiish, mandaamin, waashkobizid bakwezhigan, giigoonh, gookooshi-wiiyaas, miinawaa bizhikiwi-wiiyaas.

Bebangii niwaabanda'aag i'iw mezinaakideg. ●

123

55 Dollar Bill

Gaa-tibaajimod **BETTE SAM**

Gaa-tibaajimotawaajin **MONIQUE PAULSON**

Nanaamadabiyaan endaayaan agindamaan chi-mazina'igan gaa-izhi-waabandamaan animosh ge-dazhi-adaaweyaan. Gaa-izhi-naazikawag endazhi-adaaweng animoons, niswaak gii-inaginzo.

Idi gaa-izhi-o-adaaweyaan animoons. Miikawaadizi, anooj igo izhinaagozi. Gii-chi-agaashiinyi, mii dinowa *poodle* naa *shih tzu*, gaa-izhi-adaawetamawag odoonaagan, naa iniw imaa chi-mazina'iganiiginan ge-dazhi-zaaga'ang.

Apane go gaa-izhi-gagwe-gikinoo'amawag ge-izhi-zaaga'ang, gaawiin dash owii-gikendanziin. Booch igo gii-pagwanawizi. Mii eta apane go gii-saaga'ang imaa michisagong. Gaa-izhi-izhiwinag agwajiing ji-babaa-ayaad, mii eta go mawid ishkwaandeming wii-pi-biindiged. Gaa-izhi-biindiganag ji-ganawaabamid, apane zhawendaagozid naa go chi-miikawaadizid, "Gaawiin na gigikendanziin niswaak gaa-izhi-diba'amaagoziyan giiyaaw? Gaawiin dash niswaak gidapiitendaagozisiin, mii go ganabaj bezhigwaabik epiitendaagoziyan."

Mii eta gii-ganawaabamid ozowens apiichi-wewebaanowenid. "Mii iw ge-izhinikaaninaan *Dollar Bill*." Aabiding, ji-babaamibatood agwajiing, ji-minwendang ayaad ezhi-ganoonag, mii azhigwa ji-pi-wiisinid.

Aaniin dash naa a'aw animosh ji-ayaad? Babaa-biibaagimag, "*Dollar Bill!*" Mii sa gaawiin gii-piijibatoosiin, "Hayk," mii sa ganabaj migizi gii-pi-gimoodimid, *Dollar Bill, Nidollar Bill*. Chi-maanendamaan indanimoonsens, gaawiin miinawaa indaa-nishkimaasiin. Mii iw. ●

56 Nika Okaadan

Gaa-tibaajimod **ELFREDA SAM**

Gaa-tibaajimotawaajin
KELLER PAAP & JADA MONTANO

Ogii-asaawaan iniw nikan imaa okaadakikong gaa-izhi-bakwajibinaawaad iniw miigwanan. Ogii-kiishkizhwaawaan iniw nikan jibwaa-asaawaad imaa okaadakikong. Gaawiin ingii-kanawaabisiin, mii eta gaa-wiidookaazoyaan bakwajibinaawaad iniw miigwanan. Gaawiin ingii-pizindanziin imaa minik gaa-kiizizondwaa nikag. Gii-wenda-minopogoziwag ingiw. Nindaanisag ogii-amwaawaan. Bernice, Giiweyaanakwadookwe ogii-takonaanan iniw okaadensan ikido, "Inashke gagaanwaakogaade ninzhiishiibim," izhi-baapiyaang dash. Gaawiin ogii-gikendanziinaawaa awegonen gaa-miijiwaad. ●

57 Ma'iingan

Gaa-tibaajimod **SHIRLEY BOYD**

Gaa-tibaajimotawaajin **MICHELLE GOOSE**

Ma'iingan gii-izhinikaazo animosh. Indaanikoobijigan ogii-kanawenimaan, ogii-wiiji'aan, miinawaa gii-kaganoonaad. Azhigwa wii-kanoonaad, gwiishkoshid, mii go apii gii-pagamibatood. Miinawaa gii-paabii'aad iniw gikinoo'amaagani-odaabaanan. Gaa-izhi-gikendang wapii gikinoo'amaagani-odaabaanan bi-dagoshininid. Aano-gii-poozi imaa. Aabiding ogii-piminizha'waan bezhig geyaabi indaanikoobijiganan. Gii-chaagaakizige. Mii imaa gii-ayaad animosh odaabaaning agwajiing. Ogii-kanawenimaan. Gii-kibaakwa'waa. Niizhwaasimidana ashi-naanan dash ingii-tiba'igemin. Gaa-pi-izhi-giiwed.

Niizh Chi-mookomaanag inini miinawaa ikwe odaano-wii-pi-gimoodiwag ji-boozinid odaabaaning. A'aw dash bezhig noozhishenh gii-anokii imaa waazakonenjiganaaboo-adaawewigamigong. Mii imaa gii-izhaawaad ingiw gii-adaawewaad animosh ji-wiisinid. Omaamaayan ogii-kanoonaan bezhig noozhishenh. Odaano-wii-poozi'aawaan. Gaawiin dash ogii-kashkitoosiinaawaa.

Miinawaa aabiding ogii-wiijiiwaan iniw bezhig noozhishenyan. Miish iwidi *Eddy's* gii-naganind. Miish imaa baa-ayaad baa-minawaanigozid. Gii-kibwaakwa'waa. Ishwaasimidana ashi-naanan ingii-tiba'igemin. Nigii-pi-giiwewinaa. Gaawiin-sh omaa ginwenzh gii-ayaasiin gii-kimoodimigooyaang. ●

127

58 Zhimaaganishi–giizhigad

Gaa-tibaajimod **BETTE SAM**

Gaa-tibaajimotawaajin **MONIQUE PAULSON**

Maawanji'idiwag zhimaaganishag naa ikwewag wiidookodaadiwaad. Apane gii-kanoonigooyaang ji-bi-wiidookaageyaang jiikakamigiziwaad imaa oodenaang.

Ingii-mazinichigemin i'iw gii-wii-wiikobinigooyaang. Ziinzibaakwadoons ji-miigiweyaang ingii-adaawemin. Nawaj ziinzibaakwadoons Anishinaabeg abinoojiinyan gii-miinaawaad. Chi-biibaagiwaad nisidawinaagooyaang biijibizoyaang. Gikendamoog niibowa ziinzibaakwadoons bimiwidooyaang.

Niwaabamaag ko abinoojiinyag bimiwidoowaad chi-mashkimodensan ji-babaa-mikwa'adoowaad ziinzibaakwadoons. Aabiding gii-gizhidemagad, mii gaa-izhi-adaaweyaang mikwamiinsan miziwe dekaagamig. Gaawiin dash ingii-minochigesiimin. Akina gii-ningidemagad i'iw meziwe-dakaagamig. Mii eta go mitigoonsan gaa-agwandeg. Ingii-agajimin gosha!

Mii eta go ziinzibaakwadoons gaa-izhi-maada'ookiiyaang. Mii iw! ●

59 Ozaagi'aan Akandamoon

Gaa-tibaajimod **ELFREDA SAM**

Gaa-tibaajimotawaajin
KELLER PAAP & JADA MONTANO

Gaawiin nitaa-gaagiigidosiin indaanikoobijiganens. Ozaagi'aan akandamoon dash. Oniigi'igoon ogikenimigoon gegoo wii-ayaang dazhi-izhininjiinid abinid akandamoon ataasowining besho. Gaawiin gegoo ikidosiin, meta go izhininjiinid akeyaa abinid akandamoon. Wiin onitaa-bishagibinaan iniw akandamoon. Miinind iniw akandamoon, mii imaa dazhi-bishagibinaad. Mii imaa endazhi-namadabid amwaad. Gidamwaad, odebi'igoon bezhig debised gaawiin nawaj izhi-nandodamaagesiin. ●

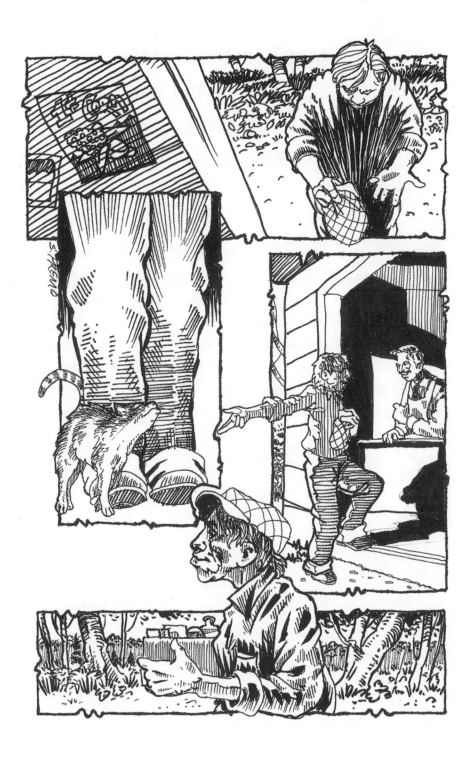

60 Animoshag Naa Gaazhagensag

Gaa-tibaajimod **RALPH PEWAUSH**

Gaa-tibaajimotawaajin **JOHN DANIEL**

Akina gegoo go akiwenziiyag miinawaa mindimooyenyag gii-pi-dadibaajimowaad ko naa gegoo aaniin akeyaa enaadizid a'aw Anishinaabe. Naa-sh ge ingig animoshag wiij'ayaawangwaa. Mii ge dibishkoo aw gaazhagens. Mii iw gaye wiin ow wiidookaazod wiiji'ayaawangid. Mii inin nayaazikawaajin waawaabiganoojiinyan nisaad.

Ke go imaa gii-noondamaan aabiding i'iw gii-wiindamawid aw sa go akiwenzii ko apane gaa-pi-gaganoonag indedeyiban naa-sh ongow aanind akiwenziiyag. Mii aabiding ow bezhig aw Anishinaabe wiisiniiwi-adaawewigamigong wii-izhaad imaa wii-o-gagwedwed da-mazina'iged sa owiisiniwin. Mii dash imaa gii-izhaad, miish iw gaa-izhi-bwaawidang da-mazina'iged. Gaawiin gii-miinaasiin gegoo.

Mii sa go gii-pi-giiwed, miinawaa imaa nanaamadabid aw. Baamaa go ge imaa gaazhagens aw. Ogaazhagensan imaa da-zinigoshkaagod imaa okaading sa go gegoo wiindamaagod. Miish iw gaa-izhi-inendang aw Anishinaabe, "Daga miinawaa inga-o-gagwedwe imaa da-mazina'igeyaan wiisiniwin."

Miish iw gii-ni-biindiged imaa adaawewigamigong gagwejimaad miinawaa inin Chi-mookomaanan ge-izhi-bagidinigod da-mazina'iged imaa wiisiniwin. Haaw, mii dash geget gaa-izhi-miinigod inin Chi-mookomaanan wiisiniwin da-mazina'iged.

Naa ke, mii aw gaazhagens gaa-izhichiged epiichi-mashkawiziid ge wiin aw gaazhagens. Ogii-wiidookawaan inin Anishinaaben o'ow

131

sa miinawaa da-miinind o'ow wiisiniwin da-mazina'iged. Gii-pi-naanoondamaan akina gegoo ongow sa waaj'ayaawangog awakaanag Anishinaabeg ko awakaanaawaad inin.

Gii-inendaagoziwag animoshag naa ge gaazhagensag da-wiij'ayaawangwaag awakaanag ezhinikaanaawaad ko Anishinaabeg awakaanan ko Anishinaabeg ko awakaanaawaad inin. Gaawiin daa-izhichigesiiwag ow. Gii-inendaagoziwag igig animoshag miinawaa gaazhagensag ow, ow da-wiij'ayaawangwaag. ●

61 Gii-chi-anokiiwag

Gaa-tibaajimod **LORENA *PANJI* GAHBOW**

Gaa-tibaajimotawaajin **CHARLIE SMITH**

Mewinzha ko gii-agaashiinyiyaan ingii-waabamaag nimaamaa miinawaa indede gii-chi-anokiiwaad. Zhaabokawi gii-izhinikaazo indede. Niizhood gii-izhinikaazo nimaamaa. Gaawiin ingii-mikwenimaasiin indede izhitood gaa-taayaang. Ingii-waabandaanan dash mazinaakizonan. Iishpin awiya wii-ayaang waakaa'igan, gii-ozhigewag mewinzha, mii go booch ji-gii-wiidookaagewaad. Gii-wiidookodaadiwag gaa-ozhigewaad owaakaa'iganiwaan.

Indede gii-wiidookaage ji-ganawendang zaaga'iganan, anooj zaaga'iganan, anooj gaa-tazhi-manoominikeng. Gaawiin awiya ogii-manaajitoosiinaawaan zaaga'iganan jibwaa-giizhiging manoomin. Indede gii-dibendaagozi gii-wiidookawaad ininiwan, Genawendamowaad Manoominikaanan ezhinikaadeg.

Apane gii-kiiyose indede, gii-pimose apane ingoji gii-izhaad megwayaak nisaad iniw waawaashkeshiwan. Ogii-piina'aan oodi gaa-izhi-biina'aad iniw waawaashkeshiwan imaa megwayaak. Mii dash imaa mashkimodaang, ogii-atoon waawaashkeshi-wiiyaas mashkimodaang. Ogii-pimoondaan waawaashkeshi-wiiyaas iwidi gaa-taayaang. Apane go ingii-miijimin iw wiiyaas indede gaa-piidood. Mii niin enendamaan gichi-aya'aawiyaan.

Apane go gii-gitige indede. Gii-nitaawichige. Gii-anokii gaye, gii-anokii imaa gii-giishka'aakwed. Ogii-anokiitawaan iniw Chi-mookomaanan giishka'aakwed gaye. Gii-chi-anokii apane

133

akiwenzii. Apane go gii-manoominikewag nimaamaa miinawaa indede.

Mii dash apane ingii-miijimin manoomin baamaa ko miinawaa gii-niibing gaye. Mawinzo, apane go gii-mawinzo nimaamaa. Ogii-manaajitoonaawaa gakina gegoo, ogii-kibaakobidoon iniw gitigaanensan, miinawaa igo aajigadeg.

Aniibiish, apane go gii-aniibiishike. Gaawiin igo aapiji ingii-minikwesiimin makademashkikiwaaboo, meta go aniibiish ingii-minikwemin. Apane ingii-amwaanaanig zaasakokwaan miinawaa opiniig. Aaningodining ingii-amwaanaan waabishki-bakwezhigan. Gii-chi-minopogozi miinawaa doodooshaaboo, gaawiin go aapiji ingii-minikwesiin doodooshaaboo, meta go gii-izhaayaan gikinoo'amaading.

Gii-chi-anokii gaye nimaamaa. Gaawiin wiikaa gii-oshkwaawaadabisiin. Giizhiitaad akina gegoo, mii dash gaa-izhi-waabooyaaniked. Gii-michi-gashkigwaaso. Gii-wajepii gashkigwaasod zaam gii-nitaa-gashkigwaaso.

Gii-wiidookaazowag, gii-dibendaagoziwag bwaanzhii-dewe'igan. Wiidookaazo midewigaan indede. Besho go ingii-taamin, mii dash ingii-kabeshimin wii-midewiwaad. Apane gii-wiidookaazo niimi'iding, akina go. Ogii-gikendaan gakina nagamonan, ogii-na'isidoon nagamonan. Biboon ko, mii go booch ingii-pimosemin akina go ingii-maajiidoomin akina wiisiniwin, waabooyaanan, asemaa iwidi niimi'idiiwigamigong. Gii-gisinaamagad mii go booch go ingii-izhaamin iwidi niimi'iding.

Mii akeyaa gii-pimaadiziyaang mewinzha. Noongom dash nichi-apiitendaan gaa-izhi-bimaadiziyaang apane go akina awiya gii-chi-anokiiwaad. ●

62 Zhiishiibens I

Gaa-tibaajimod **BRENDA MOOSE**

Gaa-tibaajimotawaajin **PERSIA ERDRICH**

Nindedenaan gii-o-wewebanaabiid imaa zaaga'iganing, besho go imaa zaaga'igan jiigaya'ii endaayaang gii-ate. Ginwenzh igo ogii-kanawaabamaan iniw zhiishiiban. Mii imaa gii-baamaadagaawaad zhiishiibag. Ginwenzh igo ogii-kanawaabamaan iniw zhiishiiban a'aw akiwenzii. Bezhig idash zhiishiibens apane go wiineta go babaa-ayaad baa-ganawaabandang anooj igo gegoo baa-nandawaabandang gegoo ge-gojipidang.

Ingoding go jiigaya'ii omaamaayan baamaadagaanid, wiin dash bakaan, nawaj wiin wii-pabaa-nandawaabandang gegoo gojipidang waa-miijid baa-dazhitaad igo. Gaawiin wiin apane ogii-biminizha'waasiin omaamaayan. Bakaan wiin obaa-nandawaabandaan gegoo. Ingoding igo babaamaadagaad wiineta go, mii azhigwa gii-moonendang wiineta gii-ayaad babaamaadagaad imaa zaaga'iganing. Aano-noondaagozid, aano-ganoonaad omaamaayan naa oshiimeyan, mii sa geget gii-naganind. Mii eta go aano-noondaagozid "Kwek, kwek, kwek, kwek," gaawiin awiya nakwetanziin aano-noondaagozid. Mii dash geget wenda-zegizid gii-naganigod omaamaayan naa oshiimeyan. Mii gaa-izhi-wanendang i'iw gaa-wiindamaagod omaamaayan besho da-wiijiiwigod da-naganigosig. Onzaam dash gii-goopadizi a'aw zhiishiibens. Wiineta babaa-nandawaabandang anooj igo gegoo.

Ginwenzh igo odaano-gii-nandawaabamaan omaamaayan naa oshiimeyan. Mii azhigwa maaminonendang geget gii-naganind.

135

Mii dash gaa-izhi-waabamaad iwidi besho go wewebanaabiinid iniw akiwenziiyan. Mii dash gaganoonigod, gaawiin ogii-nisidotawaasiin wiindamaagod. "Omaa bi-izhaan. Giga-ashamin," gaa-izhi-apaginaad aw akiwenzii iniw enigoonsan. Geget gii-minopogoziwag enigoonsag.

Gii-inendam, "Gegaa go nigii-segimig a'aw akiwenzii gaganoozhid, gaawiin dash nigii-nisidotawaasiin. Mii dash gaa-o-izhi-gaazoyaan besho omaa wewebanaabiid imaa jiigibiig mashkosiinsan. Ingomaapi igo a'aw akiwenzii nigii-pi-nandawaabamig aano-bizaanitaayaan imaa gaazoyaan. Nigii-wayezhimig ashamigooyaan iniw enigoonsan, mii gaa-izhi-bichi-mamigooyaan. Gegaa go nigii-segiz dakonigooyaan a'aw akiwenzii. Bakaan igo a'aw gii-izhimaagozi, gaawiin gii-izhimaagozisiin a'aw nimaamaa. Geget dash nigii-ayekoz. Mii dash gaa-izhi-nibaayaan a'aw akiwenzii gii-dakonid. Biinjayi'ii obabagiwayaaning, mii imaa gii-nibaayaan. Nigii-mino-nibaa ode' noondawag dibishkoo dewe'igan ninoondawaa. Mii geget igo gii-chi-nibaayaan. Baamaa go gii-asigooyaan awegodogwen igo i'iw gaa-atoowaad dibishkoo go nookiigad. Nigii-wenda-mino-giizhooshin. Mii dash gii-mookiid aw giizis, mii wapii gii-koshkoziyaan. Inaabiyaan nigii-wanendaan gii-wani'ag nimaamaa ge nishiimeyag. Aaniin danaa ayaayaan?" inendam.

Mii dash maajii-noondaagozid miinawaa, "Kwek, kwek, kwek, kwek." Ishkwaa-noondaagozid, "Ishkwaaj gii-mikwendamaan zaaga'igan gii-ayaayaan." Maajii-noondaagozid miinawaa, "Kwek, kwek, kwek, aaniin dash nimaamaa nakwetawisig?" ●

63 Zhiishiibens II

Gaa-tibaajimod **BRENDA MOOSE**

Gaa-tibaajimotawaajin **PERSIA ERDRICH**

"Mikwendamaan nimaamaa dibaajimod agiw Anishinaabeg, 'Gego besho iwidi izhaaken. Agiw bakaan bemaadizijig wewebanaabiiwag, iniw giigoonyan wii-amwaawaad. Miinawaa anooj iniw awesiinyan onisaawaan da-bimaadiziwaad gakina go Anishinaabeg miinawaa bemaadizijig omaa akiing. Gego sa besho izhaaken iwidi danakiiwaad agiw bakaan bemaadizijig.' Mii dash mikwendamaan anooj igo gegoo a'aw nimaamaa gaa-gikinoo'amawid. Maagizhaa agiw bemaadizijig omaa endaawaad." "Maagizhaa giga-nisi'goo ge-ashandizowaad," gii-ikidowan zhiishiibens omaamaayan.

"Mii wenda-zegiziyaan. Gaawiin nigikendanziin wenji-asigooyaan imaa ganabaj makakoons. Noomag idash ninoodawaa a'aw akiwenzii gaagiigidod. Gaawiin mashi ninisidotawaasiig ingiw gaagiigidowaad. Mii dash noondawag a'aw akiwenzii, mii azhigwa noondagoziyaan nigiishkaabaagwe naa nibakade. Mii dash dapaabamigooyaan. Geget chi-noondaagoziyaan. Aano-wiindamawag wii-kiiweyaan dash ashamigooyaan. Noomag igo a'aw akiwenzii naa a'aw bezhig bemaadizid ganabaj mindimooyenh maagizhaa owiijiiwaaganan bi-ganawaabamigooyaan.

Noomag nigii-ashamigoo giigoonsag miinawaa nibi ingii-pi-miinigoo. Miinawaa agwajiing ingii-izhiwinigoo da-zaaga'amaan. Indaano-gii-ginjiba'iwe onzaam dash ingii-agaashiinh, mii gii-adimigooyaan. Biinji-makakoons dash nigii-asigoo miinawaa geget

138

mii sa chi-noondaagoziyaan, kwek kwek! Mawiyaan, 'Niwii-kiiwe, niwii-kiiwe, niwii-waabamaa nimaamaa gaawiin miinawaa ningaginjiba'iwesiin.' Gaawiin gaye ninakwetaagosiin nimaamaa, chimaanendamaan, ezhi-mawiyaan.

Amanj igo daso-giizhik gaa-ayaayaan imaa makakoonsing, anooj igo gegoo nigii-inendam. Ginwenzh igo nimikwendaan a'aw akiwenzii miinawaa mindimooyenh gii-ashamigooyaan miinawaa agwajiing gii-izhiwinigooyaan da-zaaga'amaan. Aanonoondaagoziyaan ganabaj nigii-noondaag a'aw bezhig bemaadizid, gii-agaashiinyi a'aw. Niminotawaa a'aw egaashiinyid aanoganoonigooyaan. Gaawiin ninisidotawaasiig agiw bemaadizijig mashi, bi-ganawaabamigooyaan. A'aw dash egaashiinyid ezhidaanginid apane miinawaa ginagaapid zhoomiingwenid a'aw egaashiinyid. Nigii-minwaabamaa a'aw ikwezens zhoomiingwenid.

Noondawag a'aw mindimooyenh wiindamawaad iniw egashiinyinijin, 'Booni' a'aw zhiishiibens, gidedenaan danishkaadizi. Gidedenaan owii-nitaawigi'aan. Miinawaa gikinoo'amawind da-ganawenindizod, oga-izhiwinaan iwidi zaaga'iganing da-mino-bimaadizid.'

Ingomaapii go gii-maajii-gikenimagwaa agiw bemaadizijig imaa waakaa'igan naa agwajiing imaa nigii-maajii-gikenimaag agiw gaawiijiiwaad iniw Anishinaaben, gaazhagensag, animoshag, miinawaa a'aw esiban imaa endaawaad. Agwajiing dash gii-ayaawag aanind animoshag naa agiw gaazhagensag.

Ishkwaaj nigii-kosaag agiw animoshag miinawaa agiw gaazhagensag, esiban. Ingomaapii gaa-izhi-wiijiiwagwaa aanind agiw awesiinyag. Agwajiing gii-ashamaawag agiw niizh animoshag miinawaa niizh ogii-ayaawaawaan gaazhagensan miinawaa bezhig a'aw esiban. Indaano-gii-wiidoopamaag agiw animoshag, mii gaa-izhi-nishkaadiziitawiwaad aano-dakwamiwaad onzaam dash nigii-kinjiba'iwe dabwaa-dakwamigooyaan. Ingomaapii dash mii gaa-izhi-wiijiiwagwaa agiw gakina, mii eta a'aw bezhig esiban apane gii-minwenimigosig. Onzaam nigii-kaawamig a'aw esiban gii-shawenimigooyaan agiw bemaadizijig imaa endaayaang.

Mii azhigwa ishkwaa-niibing maajiigiyaan mino-ashamigooyaan naa apane zhawenimigooyaan. Mii azhigwa gaawiin geyaabi ninibaasiin imaa makakoons. Mii ezhi-wiipemag a'aw egaashiinyid naa apane nigii-wiiji'aa gakina ingoji. Gaye wiin a'aw egaashiinyid ogii-kanawenimigoon gakina imaa endaawaad.

Aabiding wiipemag a'aw abinoojiinh, aaniish-naa gaye wiin ogii-wiipemaan ookomisan miinawaa odedeyan. Amanj igo wapii gii-koshkoziyaan, 'niwii-saaga'am,' indinendam. Indaano-wii-amadinaa a'aw akiwenzii dabwaa-zhiishiigiyaan. Mii go gaawiin goshkozisiin a'aw gaa-shiginag a'aw akiwenzii. Goshkozi dash gigizheb, mii gaa-izhi-biibaagid, 'Ganabaj a'aw zhiishiibens nigii-shiginig,' ikido. Izhi-amajiseyaan, mii sa geget nishkaadizinid odedeyan. Ikidowan dash odedeyan, 'Agwajiing apagizh a'aw zhiishiibish!'"

Mii dash zhiishiibish aano-gaazod anaami-waabooyaan noondawaad akiwenziiyan biibaaginid. Dabwaa-apaginind agwajiing a'aw mindimooyenh miinawaa egaashiinyid ogii-izhiwinaawaan agwajiing da-zaaga'ang.

"Aabiding gaye, amanj igo wapii gaa-koshkoziyaan, geyaabi dibikak, nigii-giikaj gaa-izhi-onishkaayaan. A'aw egaashiinyid wiineta agwazhed. Gaa-izhi-onishkaayaan wiipemag a'aw akiwenzii. Mii imaa dash owiinizisan aano-gii-giizhooshinaan. Aaniish-naa geyaabi nigii-agaashiinh. Nigii-wenda-mino-nibaa dabwaa-goshkozid a'aw akiwenzii. Goshkozid dash, 'Aaniin danaa wa'aw zhiisiibish! Mii geget igo ingoding igo da-wii-bimigwebinaa wa'aw zhiishiibish!'" O-nishkaajibatood a'aw egaashiinyid agwajiing izhiwinaad iniw ozhiishiiban.

"Mii azhigwa gii-de-maajiigiyaan apane da-biminizha'wag

a'aw egaashiinyid ikwezens. Ganabaj gii-niso-biboonagizi a'aw
ikwezens. Mii azhigwa maajii-wanenimagwaa nimaamaa, eta go
aaningodinong nimikwenimaa nimaamaa miinawaa nishiimeyag.
Gaawiin apane geyaabi nimawisiin, naa ninoondaagozisiin.

Gii-agaashiinyiyaan, mii a'aw ikwezens apane gaa-kanawenimid
apane gii-ashamid gii-dakonid, miinawaa gii-wiiji'ag. Gii-
maajiigiyaan, onzaam nigii-kozigwan mii dash gaa-izhi-dakonid
imaa ingodashkwaang.

Mii azhigwa gii-ishkwaa-biboong gii-te-maajiigiyaan. Biboong,
anooj igo gii-izhichigewag agiw waaj'ayaawagwaa agiw ininiwag
geyaabi gii-kiiyosewag miinawaa gii-wewebanaabiiwag. Gii-sanagad,
gichi-gisinaag agwajiing. Gaawiin niinawind nigii-ozhitoosiimin
chi-gisinaag naa apane wiisiniwin gii-ayaamaang. Gii-wenda-
nitaa-giiyosewag agiw ininiwag. Niinawind a'aw ikwezens naa
gaye niin apane go gii-wiiji'igooyaan naa aaningodinong agwajiing
gii-tazhitaayaang ajinens miinawaa nizhooshkwajiwemin. Mii
dash iwapii gaye wiinawaa ikwewag ookomisan naa a'aw ikwezens
gii-maajii-gashkigwaasod, aano-babaamenimag gashkigwaasod.
Nikoonzh nigii-aabajitoon da-dookinag naa aabajitooyaan nikoonzh
da-wiikobidooyaan ogoodaas. Aaniish-naa niwii-ayaawaa da-
ashamid, mii dash nishkenimid a'aw mindimooyenh. Biibaagid,
'Biidwewegiizhigookwe, bi-naazh a'aw gizhiishiibish, indaano-
giizhiikaan yo'ow waabooyaan. Asham gaye, naa gawishimog
da-nibaayeg ajinens.'

Mii azhigwa ziigwaninig maajii-iskigamizigewaad agiw
Anishinaabeg. Nigii-wiijiiwaag iwidi gii-ozhigewaad jiigi-
zaaga'iganing. Mii imaa mikwendamaan gii-ondaadiziyaan imaa
waabandamaan i'iw zaaga'iganing. Maajii-mikwenimagwaa agiw
indinawemaaganag. Gegaa go nimaanendam mikwenimag a'aw
nimaamaa. Geyaabi dash nizhawenimaa genawenimid a'aw ikwezens.

Geget nimisawendaan da-waabamagwaa indinawemaaganag. Nigii-izhiwinigoog a'aw ikwezens miinawaa ookomisan iwidi jiigibiig. Mii dash waabamagwaa zhiishiibag babaamaadagaawaad.

Ganabaj nigikenimig a'aw ikwezens misawendamaan da-babaamaadagaayaan gaye niin. Mii ezhi-noondaagoziyaan aano-ganoonagwaa agiw zhiishiibag babaa-ayaawaad imaa zaaga'iganing. Mii eta go agiw zhiishiibag ganawaabamigooyaan, gaawiin imaa besho gii-pi-izhaasiiwag, onzaam gii-waabamaawag agiw bemaadizijig. Mii dash a'aw ikwezens wiindamawid, 'Gaawiin mashi ingoji gidaa-izhaasiin. Mii eta niin zhewenimigooyan. Gaawiin gigikenimigoosiin agiw zhiishiibag, maagizhaa go giga-miigaanigoog.'

Mii gaa-izhi-boonenimagwaa, aaniish-naa indashamigoo anishinaabe-ziinzibakwadoons. Wenda-minopogwad i'w ziinzibakwadoons. Geget apane nigii-minwendam ashamigooyaan.

Ishkwaa-iskigamizigewaad omaamaayan a'aw ikwezens ogii-inaan, 'Nigii-waabamaa a'aw zhiishiib ganawaabamaad iniw zhiishiiban imaa zaaga'iganing. Indigo ogii-misawendaan gaye wiin da-o-wiiji'aad iniw zhiishiiban.' Biidwewegiizhigookwe ogii-aanishimaan aniw ozhiishiiban da-o-wiijiiwaad iniw zhiishiiban. 'Maagizhaa gidaa-maajii-gaganoonaa da-bagidinaad da-nitaa-bimaadizinid geyaabi wiinawaa agiw zhiishiibag bimaadiziwaad. Maano gaye wiin oga-ayaawaan zhiishiibensan. Geget gii-minochige gii-shawenimaad naa weweni gii-kanawenimaad iniw zhiishiiban. Mii azhigwa da-bagidinaapan.'

Aabiding gii-niibing, a'aw akiwenzii ogii-inaan, "Biidwewegiizhigookwe, ambe biizh a'aw zhiishiib. Zaaga'iganing giwii-izhaamin. Maagizhaa giga-wewebanaabiimin." Azhigwa dagoshinowaad iwidi zaaga'iganing ogii-waabamaawaan zhiishiiban babaamaadagaanid, zaaga'iganing. Biidwewegiizhigookwe odedeyan ogii-inaan, 'Mii azhigwa da-bagidinind a'aw zhiishiib da-nitaa-

bimaadizid akeyaa gaa-inaakoniged a'aw naagaanizid manidoo.
Nashke agiw zhiishiibag babaa-ayaawaad imaa zaaga'iganing,
mii akeyaa a'aw manidoo gaa-onaabamaad iniw zhiishiiban da-
bimaadizinid.'

Mii dash a'aw ikwezens gii-bagidinaad iniw ozhiishiiban.
Geget gii-maanendam a'aw ikwezens gii-bagidinaad. Gaa-
izhi-ojiimaad akawe, mii dash gii-asaad imaa nibiikaang. A'aw
zhiishiib akawe ogii-gichi-ganawaabamaan iniw ikwezensan
dabwaa-wewiibi-bimaadagaad iwidi ayaawaad agiw zhiishiibag.
Biidwewegiizhigookwe odinaan iniw odedeyan, 'Mii sa geget agiw
manidoog da-chi-inendaagoziyaan naa da-zhawenimigooyaan.'
'Geget igo,' ikido akiwenzii, zhoomiingweniwaad
ganawaabamaawaad iniw zhiishiiban gaa-bagidinind
da-o-zhiishiibiwid. ●

64 Wiijikiwewin

Gaa-tibaajimod
LORENA *PANJI* GAHBOW
Gaa-tibaajimotawaajin
CHARLIE SMITH

Misi-zaaga'iganing
onjibaawag niizh ingiw
ikwewag. Mary miinawaa
Jenny. Gii-ishkwaa-gizhebaa-
wiisiniwaad, gii-izhaawag
iwidi Misi-zaaga'iganing.
Ogii-piidoonaawaan wiigwaasi-
jiimaan, asab, abwiin.

Ogii-asaan asabiin imaa
akikong. Mii dash gaa-izhi-
bagida'waawaad. Mii dash apii
gii-pakobiisewaad. Gaa-izhi-
baashkaapid bezhig aw ikwe.
Waabamaad niibawid aw Mary.
Niibawiwaad imaa jiigibiig. Mii
dash apii gaa-izhi-waabandang
odaapishkaag Mary ogoodaas.
Iishpin gegoo izhiwebiziyan,
baapi'idizon. ●

65 Giin Ginibaa

Gaa-tibaajimod **SUSAN SHINGOBE**

Gaa-tibaajimotawaajin

JOHN BENJAMIN & MICHAEL SULLIVAN SR.

Miinawaa indadibaajim indede naa nimaamaa gaawiin aapiji gii-shaaganaashiimosiiwag. Mii eta go apane gii-anishinaabe-gaagiigidowaad. Mii ganabaj imaa gaa-ondinamaan iw gii-ikwezensiwiyaan gii-pizindawagwaa ko gii-kaagiigidowaad. Aabiding imaa Chi-mookomaan baapaagaakwa'ige. Nimaamaa, "Awenen danaa omaa baapaagaakwa'iged degoshing aabitaa-dibikad?" Obaakaakonaan ge iw ishkwaandem, Chi-mookomaanan imaa gii-niibawiwan.

"Is Sam here? I am looking for him." Nimaamaa gii-ikido, *"You sleeping."* *"No, I am not sleeping,"* ikido aw Chi-mookomaan. Mii gaawiin ogii-piindiganaasiin. Aabiding igaye mii go apane ogii-gikenimaans iidog indede mii iniw Chi-mookomaanan. Ogii-piindiganaan, gii-koshkozi iwapii gii-piindiganaad.

Mii gagwejimigod gegoo da-ayaang ge-miijid, "Nibakade," ikido aw Chi-mookomaan. Miish iw ganabaj gii-kidaanaweyang, "Gaawiin gegoo gigii-ishkwandanziimin," nimaamaa ikido. "Ganabaj eta go imaa mizay-oshtigwaanan oodi geyaabi agondewan akikong. Mii iniw asham." Miish iw gaa-ashamaajin indede mizay-oshtigwaanan.

Gaa-ishkwaa-wiisinid aw Chi-mookomaan, "Minopogwadoon," miigwechiwi'igod indede. "Minopogwadoon iniw oshtigwaanan." Miish eta go naa ezhi-gikendamaan akeyaa ge-ikidoyaambaan. ●

66 Bizhikiwish

Gaa-tibaajimod **BETTE SAM**

Gaa-tibaajimotawaajin **MONIQUE PAULSON**

Eni-dagwaagig manoominikeng ba-boozibatooyaang
odaabaaning. Mooshkine odaabaan, waabowayaanan naa
jiibaakwe'iganan, akina gegoo ge-aabajitooyaang. Mii dash
dagoshinaang, mii imaa ji-wiidookaageyaang, wiidookaazoyaang,
akina gegoo ge-aabajitoowaad. Booch igo akawe boodawewaad
ge-aabajitoowaad jiibaakwewaad. Mii imaa apane bizhiki ji-
ikonaazhikawangid imaa ji-bi-izhaasig omaa ayaayaang.

Giizhiitaawaad ingiw nimaamaa, indede, maamaanaan naa
Zaagajiw maajaawaad o-manoominikewaad. Aaningodinong
gii-bakobiiwaad zaaga'iganing gii-o-manoominikewaad.
Aaningodinong gii-mooshkinadoowaad manoomin imaa jiimaaning
jibwaa-naawakweg. Mii iw apii ji-wiidookaazoyaang miinawaa,
mii go ge-dazhwegisidooyaang ji-baatemagak i'iw manoomin.
Aaningodinong igo gaye gii-azhe-bakobiiwaad manoominikewaad.

Gaawiin igo wiikaa da-aatesinoon iw ishkode. Mii sa go apane
ji-ganawendamaang i'iw ji-aatesinok. Nimaamaa miinawaa
nimaamaanaan maajii-jiibaakwewaad. Nibakademin. Aabiding
megwaa wii-wiisiniwaad imaa wiigiwaaming maamaanaan,
naa aw George ko gaa-izhinikaazod, "Zaagajiw," aabiding a'aw
bizhikiwish gaa-izhi-bi-biindigekwenid imaa wiigiwaaming, gaa-
izhi-chi-biigobidood i'iw chi-mazina'iganish. Chi-nishkaadizi a'aw
Zaagajiw, chi-biibaagimaad iniw bizhikiwishan, "Ikogaan omaa!"
Zaagijibatood imaa wiigiwaaming Zaagajiw ji-biminizha'waad iniw
bizhikiwishan anooj igo gegoo ji-bakite'waad.

148

Nishkaajigiizhwed, "Gego miinawaa omaa bi-izhaaken!" Zaagibatooyaang, "Aaniin danaa ezhiwebak?" indede ikido. Chi-baapiyaang, ganawaabamangid Zaagajiw biminizha'waad iniw bizhikiwishan.

Nimaamaanaan wiindamaaged i'iw ezhiwebak, "A'aw bizhiki gii-pi-maazhichiged, biigobidood i'iw wiigiwaamish." Akina gii-paapiyaang imaa agwajiing. Zaagajiw, gaawiin gii-paapisiin gaa-izhiwebak. Nishkaadizi. Gaa-izhi-izhaad i'iw Chi-mookomaan endaad, gii-wiindamawaad ezhiwebak. Bi-izhi-wiijiiwigod iniw Chi-mookomaanan bi-wiidookaagod ji-nanaa'itood bagoneyaag i'iw wiigiwaam, owiigiwaamiwaa. Chi-mookomaan gaa-izhi-nandawaabamaad iniw bizhikiwan. "Gaawiin miinawaa da-azhegiiwesiin. Bakaan ingii-asaa aw bizhiki."

Aabiding ishkwaa-naawakwemagak, baa-dazhitaayaang, a'aw Chi-mookomaanikwe niganoonigonaan ji-bi-miijiyaang i'iw *cole slaw* ezhinikaadeg. "Ambe, gaawiin ingikendanziin wegonen *cole slaw*. Ambe o-miijidaa aabiding." Gaawiin wiikaa ingii-miijisiimin *cole slaw*. Mmmm, Gii-minopogwad. Miinawaa ingii-miinigonaan a'aw mishiimin.

Mii apane gaa-izhiwebak mewinzha manoominikeng. Mii go apane gaa-pi-izhi-minwendaagwak. ●

67 Chi-nooni'aawasod

Gaa-tibaajimod DAVID SAM
Gaa-tibaajimotawaajin KIM ANDERSON

Mii ko gii-waabamag ningichi-mishoomens, mii dash gaa-wiindamawid gii-mikwenimaad iko iniw oshiimeyan gii-ondaadiziikenid gii-ashi-niiyo-biboonagizinid. Mii iniw nookomisibanen, Waashkesh, gii-izhinikaazoobanen. Ogii-nooni'aan abinoojiinyan. Mii iniw nimishoomensan. Gii-o-giiyosed onaabeman, nimishoomisiban gii-kiiyosed gii-nandawaabamaad waawaashkeshiwan. Mii dash gii-paashkizwaad oniijaaniwan.

Gaawiin-sh ogii-gikenimaasiin gii-ayaanid gidagaakoonsan. Mii dash imaa gaa-pi-giiwewinaad gidagaakoonsan. Mii imaa gii-nooni'aad nimishoomensan, napaaj dash ogii-nooni'aan gidagaakoonsan. Mii apane ogii-tazhindaan gii-paapid, ogii-kagwejimaan oshiimeyan "Awegonesh naa gaa-izhiwebizid aw gidagaakoons?" Mii dash gii-ikidod, "Gabe-dibik wii-nooni'aa gidagaakoons. Gaawiin indaa-gii-kashkitoosiin da-nibaayaan." Gaawiin ogii-wiindamawaasiin gaa-izhiwebizinid iniw gidagaakoonsan. Gaawiin idash geyaabi gii-ayaasiiwan endaawaad. Mii eta go gii-paapid gaa-tazhindang. ●

151

68 Nimisenh Naa Aamoon

Gaa-tibaajimod **FRANCES DAVIS**

Gaa-tibaajimotawaajin **CHATO GONZALEZ**

Apane mewinzha agwajiing gii-abi odaabaanish. Gaawiin geyaabi gegoo inaabadizisiin. Miish aamoog gaa-izhi-ozhigewaad biinjidaabaan. Namanj gaa-ni-mamaagwen nimisenh iniw ayaanid aamoon imaa odaabaaning, mii sa gii-izhi-mamood jiishada'iganaatig o-bapazhiba'waad aamoon.

Gaa-izhi-wiindamawind da-booni'aad aamoon. Gaawiin ogii-pooni'aasiin, aangwaamas gaa-izhi-dakwamigod aamoon imaa. Gaa-izhi-biindigeyoodenid imaa ogoodaasing gii-dakwamigod. Gaa-izhi-giiwitaabatood imaa waakaa'iganing ishkweyaang dash gii-ateni giziibiiga'igani-makak nibi atenig.

Gaa-izhi-namadabid imaa biinjaya'ii giziibiiga'igani-makakong. Gaa-izhi-gagwejimind, "Aaniish wenji-nanaamadabiyan?" Gaa-izhi-nakwetaagod dakwamigod aamoon. Mii dash nimaamaa gaa-izhi-wiindamawaad, "Aano-gii-wiindamawind da-booni'aad iniw aamoon!" ●

69 Gookooko'oo

Gaa-tibaajimod **WILLIAM PREMO JR.**

Gaa-tibaajimotawaajin **NICK HANSON**

Mewinzha gii-maadaajimo a'aw nizhishenh gaa-inaapined iwidi gaa-bimosed imaa Misi-zaaga'iganing. Gii-maanikaago onzaam niibowa ogii-minikwen dibikong gii-naadaabowe iwidi Mazhii'iganing, jiigibiig Misi-zaaga'iganing. Ogii-adaawen bezhig i'iw omooday wiishkobaagamig gii-azhegiiwed iwidi gaa-ayaajig Anishinaabeg.

Baanimaa gii-kiishkaabaagwed, gii-noogishkaa iwidi wii-anwebi iwidi megwekobiing jiigibiig, wewiib ogii-mikaan waa-anwebid. Mii i'iw gii-paakaakonang wii-minikwed. Ezhi-minikwed iwidi, ogii-waabamaan ajidamoon. Gii-pimaandawe imaa mitigong. Naa ge waasa iwidi ishpiming akeyaa gii-inaabi, i'iw chi-wadikwan a'aw gookooko'oo nibaad. Gii-pimaandawe iwidi chi-gookooko'oon gaa-nibaanid. Ogii-waabandaan waa-izhichiged, ezhi-apaginaad asiniin gii-chi-maajiibatood nawaj ishpiming imaa mitigong. Na'idaa bezhig i'iw mitigong gii-pimibatoo chi-gookooko'oo gaa-tazhi-nibaad. Gaawiin sa go ogii-waabandanziin ezhichigewaad iwidi gii-chi-biibaagid, ajidamoo ezhi-waabandang aniibiishan ezhi-bangising. Mii sa go gaawiin gegoo ogii-waabandanziin.

Wewiib ezhi-bazigwiid owii-waabandaan gaa-izhichigewaad maagizhaa gii-pangishininid ajidamoon. Gii-izhaa iwidi jiigibiig Misi-zaaga'iganing ishpiming iwidi gii-kanawaabanjige. Gii-saagijibizo chi-gookooko'oo bi-bimiwinaad iniw ajidamoon. Ganabaj ogii-izhiwinaan agaaming. Mii ge gaa-inaapined nizhishenh Netaawaashiban. Mii iw. ●

155

70 Mizayag

Gaa-tibaajimod **DAVID SAM**

Gaa-tibaajimotawaajin **KIM ANDERSON**

Mii imaa mewinzha geyaabi omaa gii-pimaadizid indedeyiban, mii imaa Misi-zaaga'iganing ko, Chi-mookomaanag iko gii-naanoojigiigoonyiwewaad. Mii dash imaa gii-tebinaawaad iniw mizayan. Gaawiin-sh imaa ogii-minwenimaasiwaawaan iniw gwayak ezhinaagozinid iniw mizayan. Mii imaa dash gii-izhi-apaginaawaad imaa mikwamiing. Mii imaa dash gaa-mashkawaakwajid a'aw mizay. Mii imaa dash iko gii-odaabii'iwed indede imaa chi-odaabaanan gii-ayaawaad. Mii imaa sa go Chi-mookomaan noojigiigoonyiwewigamig. Mii imaa dash gii-odaabii'iweyaang. Mii imaa indazhi-maamiginaanaanig ingiw sa mizayag. Mii imaa indizhi-apaginaanaanig ishkweyaang chi-odaabaan. Mii dash imaa iwidi akeyaa bebaa-miigiweyaang ingiw nindinawemaaganinaanig. Mii geget ogii-minwendaanaawaan ezhi-minopogwak aw mizay-waakwan. Mii apane gii-mikwenimag a'aw endaso-biboon, gii-mashkawaakwajid aw waakaa'iganing.

Ingitiziimag imaa ogii-gikenimaawaan iniw Chi-mookomaanan imaa gaa-ayaanid imaa Chi-minising. Apane ko gii-wiiji-wiidoopamaawaad ko Chi-mookomaanan imaa wiisiniiwigamigong. Mii imaa dash gii-wiizhaamaawaad. Mii imaa gii-ashamaawaad

156

iniw mizayan. Geyaabi nawaj endaso-niizho-biboong ingii-kashki'aanaanig ingiw mizayag.

Gaawiin go naa aapiji ingii-gashki'aasiwaanaanig ji-mikawangwaa geyaabi go mizayag gaa-ishkwaa-gikenimaawaad Chi-mookomaanag minopogozinid iniw mizayan. ●

71 Gwanabishkaad Nizigos

Gaa-tibaajimod **FRANCES DAVIS**

Gaa-tibaajimotawaajin **CHATO GONZALEZ**

Bezhig a'aw nizigos gii-pagida'waayaang, ingii-gotaaj da-booziyaan jiimaaning, onzaam mamaangaashkaa. Gigizheb gii-naadasabiiyaang, ingii-gotaaj da-gwanabishkaayaan, onzaam mamaangaashkaamagad. Ingii-nishkaadiziitaag wiineta gii-poozid imaa jiimaaning. Gaawiin waasa gii-izhaasiin, gii-kwanabishkaag. Gaa-izhi-maadaadagaaziid gii-tebibinaad asabiin. Gaa-pi-izhi-miizhid asabiin wiikobinimag asabiin. Gaa-izhi-maadaadagaaziid da-wiikobinaad iniw asabiin. Azhigwa gaa-izhi-agwaataad, mii azhigwa dakwengibizod ogoodaas. Odaapishkaani. Wegodogwen dino gidagiigin. Eni-dagoshinaang imaa endaayaang, indede gaa-izhi-wiindamawag gaa-izhiwebizinid gaa-izhi-wiindamawaad biindig da-bi-abizonid. Gaawiin gii-pi-biindigesiiwan, mii go gaa-izhi-giiwenid. Gaawiin gonezh ingii-nishkaadiziitaagosiin, mii eta go gii-paapi'idizod gaa-izhiwebizid gaa-izhi-wiindamawid, "Gego awiya wiikaa wiindamawaaken." ●

72 Gii-kiizhoo'oyaang

Gaa-tibaajimod **WILLIAM PREMO JR.**

Gaa-tibaajimotawaajin **NICK HANSON**

Niwii-dibaajim aabiding gaa-inaapineyaang a'aw nishiime a'aw Amikogaabaw naa gaye niin. Gii-ayaa waasa iwidi megwekobiing bezhig zaaga'igaans. Ogii-wiij'ayaawaan iwidi nookomisan naa nimishoomisan. Mii iwidi gii-taad, mii go iwidi gaa-izhi-gikinoo'amaagozid. Naaningodinong sa go ingii-o-mawadisaa megwaa niimi'idiiwaad chi-aya'aag. Mii sa gaa-inaapineyaan mawadisag aabiding.

"Wii-niimi'idiiwag," gii-ikido nindedeyiban. "Daga, izhaadaa iwidi niimi'idiiwaad." Mii sa go ingii-maajaamin, ingii-dagoshinimin naawakweg iwidi. Niwii-mawadisaa a'aw nishiime iwidi a'aw Amikogaabaw, apane iwidi gii-nazhikewabi. Mii sa go iwidi ingii-tagoshinimin, bangii iwidi gii-mawadishiwewag. Baanimaa gii-maajaawag chi-aya'aag imaa niimi'iding. Mii sa go ninazhikewabimin.

Anooj indizhichigemin agwajiing. Imbabaamosemin iwidi. Ganabaj bangii niwii-wewebanaabiimin. Gaawiin geyaabi ingii-tazhitaasiimin, ingii-oshki-ininiiwimin. Ingii-agindaamin mazina'iganan naa gaye agwajiing ingii-kiimooji-zagaswaamin. Baanimaa gegaa dibikak gii-tagoshinoog chi-aya'aag. Gaawiin gegoo ingii-izhichigesiimin biindigewaad. "Daga izhiwidoon iwidi onow makakoonsan biizikiiginan iwidi Gaa-zhiigwanaabikokaag. Niwii-miinaag iniw biizikiiginan iwidi anama'ewigamig." Wayaa, ingii-shoomiingwenimin, gaawiin wiikaa niinetawind ingii-izhaasiimin

aabaji'angid odoodaabaanishan. Ishkwaa-jiibaakwewaad, ingii-
biinaag chi-aya'aag iwidi niimi'idiiwigamigong.

Mii sa go ingii-maajaamin iwidi oodenaang chi-
zhoomiingweniyaang. Ingii-piijibizomin imaa chi-makade-
miikanaang bimibizoyaang. Inzaaginikeshinimin naa ge
ninzagaswaamin, mii ininiwag gaa-pimibizoyaang. Baanimaa
chi-ogidaakiing ingii-tagoshinimin, mii sa go gegoo gii-maajii-
baashkidemagad imaa odaabaanish, niisaakiing iwidi gii-aatebizo.
Mii paneban gii-ishkwaataa odaabaanish. Iwidi ingii-noogishkaamin.
Hay', mii sa go i'iw ingii-piigodaabaanemin.

Hay', mii sa go iwidi ingii-ayaamin biinjayi'ii odaabaanish gaa-
piigoshkaad. Ingii-kojitoomin na'idaabaaneyaang, mii sa go gaawiin
ingashkitoosiimin da-maajiibizod. Baanimaa gaye gii-aatemagad
i'iw waazakonenjiganan maagizhaa gii-niboomagad i'iw odaabaani-
makak. Mii sa go chi-dibikak naa gaye maajii-gisinaamagad.
"Aaniish waa-izhichigeyang?" gii-ikido aw Amikogaabaw.
"Maagizhaa, daga bimosen iwidi endaayan," gii-ikido. "Gaawiin,
waasa iwidi." Naa gaye ikido, "Onzaam gisinaamagad wii-
pimoseyang," gii-ikido. "Daga biizikan iniw ikwe-biizikiiginan
gaa-atemagak imaa makakoonsing." Anooj inaandewan iniw
biizikiiginan, anooj ingii-dakwambizomin iniw biizikiiginan, naa
gaye anooj gegoo ingii-atoon dakwambizowin nitawagaang. Mii sa go
maajii-bimoseyaang chi-dibikak iwidi endaad.

Mii sa go bimoseyaang, gaawiin ginwenzh ingii-inendanziin
bimoseyaang iwidi miikanaang, baanimaa ingii-waabandaan
endaawaad waazakonenjiganan. Ingii-maajii-mawinebatoomin,
ingii-waabandaamin. Mii sa go biindigeyaang endaawaad
ezhi-ganawaabamigooyaang, ezhi-baashkaapiwaad chi-aya'aag
ezhinaagoziyaang. Ginwenzh gaawiin ingii-miinigoosiimin
aabaabika'igan wii-aabaji'angid odaabaan.

73 Gagwejim

Gaa-tibaajimod **DAVID SAM**

Gaa-tibaajimotawaajin **KIM ANDERSON**

Aabiding imaa ind-o-mawadisaa a'aw niitaawis basadinaag. Mii imaa dash ingii-tagoshin imaa endaad.Gii-waabanda'ishid ogitigaan. Imaa dash akeyaa gii-izhaayaan owaakaa'iganing. Gii-waabanda'ishid igaye imaa nanaa'isidood imaa biindig owaakaa'iganing. Mii imaa dash gii-tazhi-gaagiigidoyaang, giizhiitaayaang i'iw, waabanda'id gaa-nanaa'isidood imaa agwajiing imaa gii-pi-izhaayaang miinawaa.

Mii dash imaa biijibatood a'aw odayensan. Mii imaa dash gaye bi-gwaakwaashkwanodawid imaa nikaading. Mii dash gii-tazhiikawag a'aw odayensan. Mii dash imaa gii-kagwejimag, "Awegonesh naa gaa-izhinikaanad a'aw giday?" Mii eta go, "Gagwejim," gii-ikido. Mii imaa geyaabi gii-mawadisidiyaang. Mii imaa geyaabi odanimoosan imaa endazhi-gwaakwaashkwanodawid, ingii-tazhiikawaa odanimoosan. Mii dash miinawaa gii-kagwejimag, "Awegonesh naa gaa-izhinikaanad a'aw gidayens?" Mii go miinawaa, mii eta go gii-ikido, "Gagwejim." Mii go geyaabi niizhing gagwejimag, "AWEGONESH NAA GAA-IZHINIKAANAD AW GIDAYENS?" Mii go geyaabi ikidod eta go, "Gagwejim."

Mii sa go imaa azhigwa gegaa nishki'id. Mii omaa naa ekidoyaan gaa-onenimaad, "Gagwejim." "Eya'" gii-ikido. Mii dash imaa geget igo gaa-tazhi-baapiyaan. ●

163

74 Chi-ginoozhe

Gaa-tibaajimod **WILLIAM PREMO JR.**

Gaa-tibaajimotawaajin **NICK HANSON**

Mewinzha ingii-ayaamin Jekaakwaag. Gii-kiishka'aakwewag iwidi akeyaa. Nindishwaachimin. Ingii-ayaamin biinjayi'ii imaa nabagisago-waakaa'iganing. Naaningodinong sa go ingii-maada'adoo imaa megwekob owiiji-anokiimaan indedeyiban naa go wiitaawisan. Mii sa go gaawiin, ikidowag, "Gego imaa akeyaa bi-izhaakegon!" Gii-mookawaakiiyaan, hay'. Gaawesa, miish giiweyaan imaa endaashiyaan. Gaawiin ingii-misawendanziin iwidi apane nimaamaayiban gii-anookii'igooyaan. Apane, "Nibinaadin!" Naa ge ingii-naadin i'iw misan, naa niwii-wiidookawaa a'aw bamoonzheyaan nishiimeyag. Nimisawendaan wii-izhaayaan iwidi megwekob gaa-anokiiwaad.

Mii sa go aabiding ingii-ganoonig nimaamaayiban, "Apane giwii-izhaa imaa megwekob, daga biidoon idi, onawapwaanan gegoo sa naa waa-miijiwaad." Mashkimod ingii-miinigoo. Agwajiing ingii-izhaa akawe bizindamaan iwidi akeyaa noondaagoziwaad akeyaa wenji-anokiiwaad. Ingii-maada'adoon imaa miikanens iwidi megwekob. Ingii-izhaa imaa gaa-anokiiwaad. Ginwenzh ingii-maada'adoon megwekob. Baanimaa sa go ingii-mikawaag iwidi gaa-anokiiwaad. Ingii-piibaagimaag, "Ingii-piidoon gegoo waa-miijiyeg."

Ingii-miinaa i'iw nawapwaan. Aatwaakwabiwag imaa mitigong imaa gii-paakiiginigaade i'iw mashkimod gii-nandoojiinamowaad waa-miijiwaad. Aya'aa zaasakokwaan, wiiyaas, naa ge aniibiish.

165

Mii iw gaa-maajii-wiisiniwaad. Naa gaye gii-maadaajimod gaa-waabandang mewinzha.

Mii sa go gii-maadaajimod gaa-inaapined mewinzha. Aabiding sa go, gii-ikido gii-pimosed imaa jiigibiig. Ginwenzh iwidi gii-pimose, baanimaa sa go gii-noondese. Ginwenzh ogii-nandawaabandaan waa-anwebid imaa mitigong. Mii sa go ogii-mikaan naa ge gii-anwebi iwidi. Iwidi besho imaa jiigibiig ogii-waabandaanan wadikwanan. Iwidi gii-agoodewan iniw mitigominan. Baanimaa sa go ajidamoo gii-paamaandawed. Owii-nawadinaanan iniw mitigominan. Hay' gaawesa apane anaamayi'ii gii-azhebatoo. Hay' mii sa go maagizhaa gii-pakade. Nawaj owii-nawadinaanan mitigominan. Waasa iwidi wadikwan gii-paamaandawed. Ogii-nawadinaanan iniw mitigominan. Baanimaa sa go gii-saagijibizo chi-ginoozhe, nawadinaad iniw ajidamoon biinaad anaamibiig.

Ginwenzh gii-pangang baanimaa sa go gii-saagikwebi a'aw chi-ginoozhe dazhi-waawaabanjiged naa gaye weweni ogii-azhe-atoon iw mitigomin imaa wadikwan. "Mii iw gaa-waabandamaan gii-wewebanaabiid aw chi-ginoozhe." Mii iw. ●

Ishkwaabii'igan

Ginwenzh ogii-kagwaadagi'igoon Anishinaabe Chi-mookomaanan. Eshkam agaasiinowag netaa-ojibwemojig miziwekamig. Gegoo dash noomaya izhiwebad owidi Misi-zaaga'iganiing. Mii eta go ayaawaad niishtana ashi-naanan ingoji go netaa-anishinaabemojig omaa. Geget dash gichi-anokiiwag ji-maada'ookiiwaad awegodogwen gekendamowaad yo'ow Anishinaabemowin. Owii-atoonaawaan odibaajimowiniwaan mazina'iganing ji-aginjigaadenig oniigaaniimiwaang odaanikoobijiganiwaan. Ginwenzh gii-maawanji'idiwag ongow gichi-anishinaabeg Misi-zaaga'iganiing gaa-tazhiikamowaad yo'ow mazina'igan. Aanind ogii-tibaadodaanaawaa gegoo gaa-izhiwebak. Aanind igo gaye ogii-michi-giizhitoonaawaan oshki-dibaajimowinan. Niibowa gegoo gikinoo'amaadiwinan atewan omaa miinawaa niibowa dibaajimowinan ji-baaping. Omisawendaanaawaa ji-minwendaman agindaman gaa-wiindamaagewaad.

Gaawiin ayaasiin awiya debendang gidinwewininaan. Gaawiin ganage awiya odibendanziinan anishinaabe-gikinoo'amaadiwinan wiineta go. Gakina gegoo gimaamawi-dibendaamin. Ezhi-maada'ookiiwaad onow dibaajimowinan ongow gichi-aya'aag, izhichigewag onjida ji-ni-bimaadiziimagak gidinwewininaan. Ogii-ozhibii'aanaawaa *copyright* naagaanibii'igaadeg omaa mazina'iganing ji-gikendaagwak awegwen gaa-tibaajimod. Gaawiin

167

dash onji-izhichigesiiwag ji-gina'amawaawaad awiya niigaan ji-
aadizookenid gemaa ji-ni-dibaajimonid gaye wiin.

Ishpenimowag ongow gichi-aya'aag ji-maada'ookiiwaad
odinwewiniwaan. Odapiitenimaawaan gakina Anishinaaben wii-
nanda-gikendaminid niigaan. Odebweyenimaawaan geget. Mii iw. ●